아시아 3개국 여행회화

일본 🛡
중국 🛡
러시아 🛡

세계 공용어
영어(영국) 추가

아시아 3개국 **여행회화**

인쇄일 | 2018년 5월 11일
발행일 | 2018년 5월 20일(초판)

지은이 | 어학연구소 저
감　수 | 차종환 박사
대　표 | 장삼기
펴낸이 | 신지현
펴낸곳 | 도서출판 사사연

등록번호 | 제10 – 1912호
등록일 | 2000년 2월 8일
주소 | 서울시 강서구 화곡동 355-14 위하우스 A동 601호
전화 | 02-393-2510, 010-4413-0870
팩스 | 02-393-2511

인쇄 | 성실인쇄
제본 | 동신제책사
홈페이지 | www.ssyeun.co.kr
이메일 | sasayon@naver.com

임시특가 12,000원
ISBN 979-11-89137-01-4 03900

해외여행 필수품

去机场要几分钟？

아시아 3개국

일본
중국
러시아

세계 공용어
영어(영국) 추가

여행회화

우리말
발음과 함께
쉽게 배우는~

어떤장소에서도 OK!

お名前は
何ですか？

인사 / 공항 / 입국시 / 호텔 / 음식점
교통 / 관광 / 쇼핑 / 통신 / 사건·사고시 / 귀국시

사사연어학연구소 저
차종환 박사 감수

Можно
оплатить
кредитной
картой？

あなたの旅行の
目的は何ですか？

도서출판
사사연

머리말

    아시아 3개국 여행회화는 여행시 자주 막히는 대화를 각 상황별로 엄선하여 글자마다 우리말 발음을 달아, 각국의 글자나 문법을 전혀 몰라도 누구나 당황하지 않고 쉽고 재미있게 해외여행을 할 수 있도록 하였습니다.

    또 각 주제별로 단어만 알아도 소통할 수 있도록 단어를 정리하였습니다!

    본 '아시아 3개국 여행회화'는 여러분의 여행에 충실한 반려자로서 여행의 즐거움을 드릴 것 입니다.

사사연 어학연구소

아시아 3개국 여행회화의 특징

1. 아시아 3개국 여행회화는 여행에서 필요한 여러가지 상황들을 엄선하여 초보자도 쉽게 활용할 수 있도록 하였습니다.

2. 아시아 3개국 여행회화는 여러가지 상황(인사 · 공항입국시 · 호텔 · 음식점 · 교통관광 · 쇼핑 · 통신 · 사건 · 사고시 · 귀국시)등 여러가지 상황에서 일어날 수 있는 여러가지 예제를 담았습니다.

3. 아시아 3개국 여행회화는 쉽고 흥미있게 공부할 수 있도록 글자마다 우리말 발음을 달아, 각국의 글자나 문법을 전혀 몰라도 누구나 당황하지 않고 쉽고 재미있게 해외여행을 할 수 있도록 하였습니다. 또 각 주제별로 단어만 알아도 소통할 수 있도록 단어를 정리하였습니다!

4. 아시아 3개국 여행회화는 처음 외국을 나가는 여행객들에게 「사사연 어학연구소」가 드리는 충실한 여행동반자 될 것입니다.

5. 아시아 3개국 여행회화에는 세계 공용어 영어(영국)를 추가하였습니다.

CONTENTS

 일본 여행에서 필요한 표현

중국 여행에서 필요한 표현

CONTENTS

 러시아 여행에서 필요한 표현

 영국 여행에서 필요한 표현

일본

아시아 대륙 동쪽에 홋카이도, 혼슈, 시코쿠, 규슈 4개 큰 섬을 중심으로
북동에서 남서 방향으로 이어지는 일본열도를 차지한 섬나라이다.
4세기 초 통일국가가 세워졌고, 1615년 도쿠가와 이에야스가 전국을 통일하였다.

삿포로

후쿠시마

도쿄

교토
오사카

후쿠오카

여행에서
필요한 표현

01. 안녕하십니까? (아침인사)
おはようございます。
오 하 요 고 자 이 마 스

02. 안녕하십니까? (오후인사)
今日は。
곤 니치 와

03. 안녕하십니까? (저녁인사)
今晩は。
곤 반 와

04. 안녕히 가십시오.
さようなら。
사 요 나 라

05. 안녕히 주무십시오.
お休みなさい。
오 야스미 노 사 이

06. 감사합니다.
ありがとうございます。
아 리 가 토 고 자 이 마 스

07. 천만에요.
どういたしまして。
도 이 타 시 마 시 테

08. 실례합니다.
すみません。
스 미 마 센

09. 좋습니다.
よろしい。
요 로 시 이

10. 부탁합니다.
どうぞ(お願いします)。
도 조 (오네가이시마스)

11. 요즘 어떻게 지내십니까?

ごきげんはいかがですか。
고 기 겐　와　이 카 가 데 스 카

12. 이름은 무엇입니까?

お名前は何ですか？
오 나 마에와　난 데 스 카

13. 저의 이름은 ～입니다.

私の名前は～です。
와타시노 나 마에와　　데 스

15

14. 네.

はい。
하 이

15. 아니오.

いいえ。
이 에

16. 만나게 되어 반갑습니다.

おあいしてうれしいです。
오 아 이 시 테 우 레 시 이 데 스

17. 앉아 주십시오.

おかけください。
오 카 게 구 다 사 이

18. 얼마입니까?

いくらですか？
이 쿠 라 데 스 카

01. 여행목적은 무엇입니까?

あなたの旅行の目的は何ですか？

아 나 타 노 료 코 노 모쿠데키와 난 데 스 카

---

02. 관광 (비즈니스) 입니다.

観光(ビジネス)です。

간 코 (비지네스) 데 스

---

03. 며칠동안 체재합니까?

どのくらい滞在しますか？

도 노 쿠 라 이 다이자이시 마 스 카

---

04. 신고할 물건을 갖고 있습니까?

何か申告する物をお持ちですか？

나니카 신 코쿠스 루 모 노 오 오모치데 스 카

---

05. 약 이 주간입니다.

約二週間です。

야쿠 니 슈 칸 데 스

06. 아니오, 없습니다.

いいえ、何もありません。

이 에　　난니모아리마　센

07. 수화물은 어디에서 찾습니까?

手荷物はどこで受け取れますか？

데 니모쓰 와 도 코 데 우 케 도 레 마 스 카

08. 환전해 주십시오.

両替をして下さい。

료 가 에오시 테 구 다 사 이

09. 달러로 바꿔주십시오.

これをに交換して下さい。

고 레 오 니 고 칸 시 테 구 다 사 이

10. 잔돈으로 바꿔주십시오.

細かくして下さい。

고 마 카구 시 데 구 다 사 이

11. 관광 안내소는 어디에 있습니까?

観光案内所はどこにありますか？

간 코 안나이소 와 도 코 니 아 리 마 스 카

---

12. 시내 지도 있습니까?

市内マップをもらえますか？

시 나이 맛 푸 오 모 라 에 마 스 카

---

13. ~에 가려면 어떻게 가야 합니까?

～へはどう行けばいいですか？

에 와 도 우 이 케 버 이 이 데 스 카

19

---

14. 택시는 어디에서 탑니까?

タクシー乗り場はどこですか？

다 쿠 시 노 리 바 와 도 코 데 스 카

---

15. ~호텔로 가주십시오.

～へ行って下さい。

에 잇 테 구 다 사 이

16. (주소를 보이며) 이 곳으로 가주십시오.

ここへ行きたいのですが。

고 코 에 이 키 타 이 노 데 스 카

17. 얼마입니까?

いくらですか？

이 쿠 라 데 스 카

18. 시내로 가는 버스는 있습니까?

市内に行く連絡バスは

시 나이니 이 쿠 렌라쿠 바 스 와

ありますか？

아 리 마 스 카

단어만 말해도 통한다

여권	**旅券** 료켄	
입국심사	**入国審査** 뉴코쿠신사	
수화물증	**手荷物証** 데니모쓰쇼	
스튜어드	**スチュアワード** 스추와도	
신문	**新聞** 신분	
지도	**地図** 지즈	
세관 신고서	**税関申告書** 제이칸신코쿠쇼	
수화물	**手荷物** 데니모쓰	

단어만 말해도 통한다

통화신고	**通貨申告** 쓰와신코쿠	
환율	**為替相場** 가와세소바	
바꾸다	**くずす** 구즈스	
현금	**現金** 겐킨	
잔돈	**小銭** 고제니	
택시 정거장	**タクシー乗り場** 다쿠시노리바	
공항버스	**空港バス** 구코바스	
요금	**料金** 료킨	
환전소	**両替所** 료가에쇼	

22

01. 하룻밤 얼마입니까?

一泊いくらですか？

잇 파쿠 이 쿠 라 데 스 카

02. 체크인 해주십시오.

チェックインをお願いします。

젯 쿠 인 오 오 네가이 시 마 스

03. 식당은 어디에 있습니까?

食堂はどこにありますか？

쇼쿠 도 와 난 지 니 아 키 마 스 카

23

04. 체재를 하루 연장하고 싶습니다.

滞在を一日延ばしたいですが。

다이자이 오 이치니치 노 바 시 타 이 데 스 가

05. 식당은 몇 시에 엽니까?

食堂は何時に開きますか？

쇼쿠 도 와 난 지 니 아 키 마

06. 오늘밤 호텔을 예약하고 싶습니다.

今晩のホテルを予約した

곤 반 노 호 테 루 오 요 야쿠 시 타

いのですか。

이 노 데 스 가

---

07. 그다지 비싸지 않은 호텔을 소개해 주십시오.

あまり高くないホテルを紹介

아 마 리 다카 쿠 나 이 호 테 루 오 쇼카이

して下さい。

시 데 구다 사 이

24

---

08. 욕실 (샤워)이 있는 방으로 하고 싶습니다.

風呂(シャワー)付きの

후 로 　　(샤와) 　 스 키 노

部屋にしたい。

해 야 니 시 타 이

09. 싱글 룸 (트윈 룸)을 원합니다.

一人部屋(二人部屋)
히 도 리 베 야　　(후타리베야)

にしたいですが。
니 시 타 이 데 스 가

---

10. 여기서 관광버스 표를 살 수 있습니까?

ここで観光バスのチケットが買え
고 코 네 간 코 바 스 노 지 켓　토　가 가 에

ますか？
마 스 카

25

---

11. 공항까지 택시로 몇 분 정도 걸립니까?

空港までタクシーで何分くらい
쿠 코 마 데 다 쿠　시　데 난 푼 쿠 라 이

掛かりますか？
가 카 리 마 스 카

12. 국제선 터미널은 어디에요?

私あての手紙がとどいてい
와 타 시 아 테 노데가미가 도 이 테 이

ますか？
마 스 카

---

13. 체크 아웃 시간은 몇 시입니까?

チェックアウトタイムは
젯   쿠 아 우 토 다 이 무 와

何時ですか？
난 지 데 스 카

---

14. 이 짐을 로비까지 옮겨 주십시오.

この荷物をロビーま
고 노 니모쓰오 로 비 마

で運んで下さい。
데 하 콘 데 구다사 이

단어만 말해도 통한다

예약	**予約** 요야쿠	
1인실	**一人部屋** 히토리베야	
2인실	**二人部屋** 후타리베야	
아동용 침대	**子供用ベッド** 고도모요벳도	
욕실이 있는	**バスつき** 바스쓰끼	
아침	**朝食** 조쇼쿠	
점심	**昼食** 주쇼쿠	
저녁	**夕食** 유쇼쿠	

단어만 말해도 통한다

해변가	**海の近く** 우미노지카구	
1층	**一階** 잇카이	
2층	**二階** 니 카이	
지하	**地下** 지카	
비상구	**非常口** 히조구치	
식당	**食堂** 쇼쿠도	
지배인	**支配人** 시하이닌	
영수증	**領収書** 료슈쇼	

단어만 말해도 통한다

화장실	**トイレ** 도이레	
시내통화	**市内通話** 시나이쓰와	
장거리 전화	**長距離通話** 조쿄리쓰와	
전화요금	**電話料** 덴와료	
우편물	**手紙** 데가미	
이발소	**理髪店** 리하쓰텐	
미용실	**美容院** 비요인	
귀중품	**貴重品** 기로힌	

단어만 말해도 통한다

세금	**税金** 제이킨	
우표	**切手** 깃테	
서비스료	**サービス料** 사비스료	

30

01. 몇시까지 엽니까?

何時まで開いていますか？

난 지 마 데 아 이 테 이 마 스 카

02. 거기에 어떻게 가야 합니까?

そこへどうやって行くのですか？

소 코 에 도 우 얏 테 이 쿠 노 데 스 카

03. 메뉴를 보여 주십시오.

メニューを見せて下さい。

메뉴 오 미 세 테 구다 사 이

31

04. 저는 정식으로 하겠습니다.

私 は定食にします。

와타시 와 데 쇼쿠니 시 마 스

05. (메뉴를 가르키며) 이것을 주십시오.

これを下さい。

고 레 오 구다 사 이

06. 미네랄 워터를 주십시오.

ミネラルウォーターを下さい。

미 네 라 루　　　　워 타　　　 오 구 다 사 이

---

07. 매우 맛있습니다.

とてもおいしいです。

도 테 모 오 이 시 이 데 스

32

08. 계산 좀 부탁합니다.

お勘定をお願いします。

오 칸 조 오 오 네가이 시 마 스

---

09. 전부 얼마입니까?

全部でいくらですか？

전 부 데 이 쿠 라 데 스 카

---

10. 크레디트 카드는 사용할 수 있습니까?

クレジットカードは使えますか？

구레짓토가도와　　　　　 와 쓰카 에 마 스 카

11. 이 근처에 좋은 음식점을 소개해 주십시오.

この近くのよいレストラン
고 노 지 카 노 요 이 레 스 토 란 오

を教えて下さい。
오 세 에 테 구다사 이

---

12. 그다지 비싸지 않은 음식점을 원합니다.

あまり高くないレストランが
아 마 리 다카 쿠 나 이 레 스 토 란 오 가

いいです。
이 이 데 스

33

---

13. 이 지방의 명물 요리를 먹고 싶습니다.

この土地の名物料理を
고 노 도 치 노 메이부쓰료 리 오

食べたいのですが。
다 베 타 이 노 데 스 가

식당	**レストラン**
	레스토란

일품 요리점	**グリル**
	구리루

정식	**定食**
	데이쇼쿠

일품요리	**一品料理**
	잇핀료리

훈제연어	**スモークサーモン**
	스모쿠사몬

달걀 마요네즈	**卵のマヨネーズあえ**
	다마고노마요네즈아

닭고기 스프	**チキンスープ**
	지킨스프

토마토 스프	**トマトスープ**
	도마토스프

단어만 말해도 통한다

야채스프	**野菜スープ**
	야사이스프

버섯스프	**きのこスープ**
	기노코스프

참치	**まぐろ**
	마구로

오징어	**いか**
	이카

새우	**えび**
	에비

송어	**マス**
	마스

연어	**サケ**
	사케

소고기	**ビーフ**
	비후

단어만 말해도 통한다

닭고기	**チキン** 지킨
양고기	**マトン** 마톤
돼지고기	**ポーク** 포쿠
오이	**きゅうり** 규리
호박	**かぼちゃ** 가보차
감자	**じゃがいも** 자가이모
양파	**オニオン** 오니온
당근	**にんじん** 닌진

시금치	**ほうれんそう** 호렌소	
버섯	**きのこ** 기노코	
피망	**ピーマン** 피만	
사과	**りんご** 린고	
오렌지	**オレンジ** 오렌지	
배	**なし** 노시	
복숭아	**もも** 모모	
포도	**ぶどう** 부도	

37

수박	**すいか**
	스이카

딸기	**いちご**
	이치고

감	**かき**
	가키

끓인	**ゆでた**
	유데타

튀긴	**揚げた**
	아게타

찐	**蒸した**
	무시타

훈제한	**薫製にした**
	군세이니시타

잘구운	**薫製にした**
	요구야이타

단어만 말해도 통한다

소금	**しお** 시오	
설탕	**砂糖** 사토	
간장	**しょうゆ** 쇼우	
식초	**酢** 스	
커피	**コーヒー** 고히	
홍차	**紅茶** 고차	
맥주	**ビール** 비루	
생맥주	**生ビール** 나마비루	

단어만 말해도 통한다

적포도주	**赤ワイン** 아카와인	
위스키	**ウィスキー** 위스키	
브랜디	**ブランデー** 부란데	
일본술	**日本酒** 니혼슈	
오렌지쥬스	**オレンジジュース** 오렌지주스	

01. ~행 표를 주십시오.

~行きの切符を下さい。

이 키 노 깃 푸 오구다사 이

02. ~관광선에는 어떤 것들이 있습니까?

~の観光船には何がありますか？

노 간 코 센 니 와 나니가 아 리 마 스 카

03. 하루에 몇 편있습니까?

一日に何便ありますか？

이 치니치니 난 빈 아 리 마 스 카

04. 배는 어디에서 탑니까?

船の乗り場はどこですか？

후네노 노 리 바 와 도 코 데 스 카

05. 얼마입니까?

いくらですか？

이 쿠 라 데 스 카

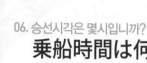

06. 승선시각은 몇시입니까?

乗船時間は何時ですか？

조 센 지 칸 와 난 지 데 스 카

---

07. 택시 승강장은 어디입니까?

タクシー乗り場はどこですか？

다쿠시　　노 리 바 와 도 코 데 스 카

---

08. ~로 가는 버스는 어느 것입니까?

~へ行くバスはどれですか？

에 이 쿠 바스 와 도 테 데 스 카

---

09. 도착하면 알려주십시오.

着いたら知らせて下さい。

쓰 이 타 라 시 라 세 테구다사 이

---

10. 표는 어디에서 삽니까?

チケットはどこで買いますか？

지 켓 토 와 도 코 데 가 이 마 스 카

11. 철도역은 어떻게 가야 합니까?

てつどうえきへはどうやっ
데 쓰 도 모 에 키 에 와 도 우 얏

て行くのですか?
데 이 쿠 노 데 스 카

---

12. 이곳에서 가장 가까운 지하철 역은 어디입니까?

ここから一番近いちかてつ
고 코 카 라 이치반 지카이 지 카 테 스

えきはどこですか?
에 키 와 도 코 데 스 카

43

---

13. 지하철 표는 어디에서 사야 합니까?

ちかてつの切符はどこで
지 카 데 스 노 깃 투 와 도 코 데

買えますか?
가 에 마 스 카

단어만 말해도 통한다

안내소	**案内所** 안나이쇼	
역	**えき** 에키	
입구	**入口** 이리쿠치	
출구	**出口** 데구치	
환승	**乗り換え** 노리카에	
표	**票** 효	
버스 정거장	**バス停** 바스테이	
요금	**料金** 료킨	

44

편도	**片道** 가타미치	
왕복	**往復** 오호쿠	
고속도로	**高速道路** 고소쿠도로	
좌측	**左側** 히타리가와	
우측	**右側** 미기가와	
맞은편	**向い側** 무카이가와	
뒤쪽	**裏側** 우라가와	
거스름돈	**おつり** 오쓰리	

시내버스	**市内バス**
	시나이바스

성인	**大人**
	오토나

어린이	**子供**
	고도모

01. 관광안내소는 어디입니까?

観光案内所はどこですか？

간 코 안나이쇼 와 도 코 데 스 카

02. 저는 ~을 보고 싶습니다.

私は～を見たいのですが？

와다시와　오 미 타 이 노 데 스 가

03. 경치가 좋은 곳은 어디입니까?

景色がいいのはどこですか？

게시키 카 이 이 노 와 도 코 데 스 카

04. 이곳에서 걸어서 갈 수 있습니까?

ここから歩いて行かれますか？

고 코 카 라 아루이 데 이 카 레 마 스 카

05. 이곳에서 멉니까?

ここから遠いですか？

고 코 카 라 도 오 데 스 카

06. 버스로 갈 수 있습니까?

バスで行けますか？

바 스 데 이 케 마 스 카

---

07. 이 지도로 가르쳐 주십시오.

この地図で教えて下さい。

고 노 지르데 모 시 에 테구다사 이

48

08. 입장료는 얼마입니까?

入場料はいくらですか？

뉴 조 료 와 이 쿠 라 데 스 카

---

09. 식사는 포함되어 있습니까?

食事は付いていますか？

쇼쿠지 와 쓰 이 데 이 마 스 카

---

10. 몇 시에 출발합니까?

出発は何時ですか？

숫 파쓰 와 난 지 데 스 카

관광

11. 몇 시경에 돌아옵니까?

何時頃戻ってきますか？

난지 고 로 모 돗 데 기 마 스 카

12. 택시로 관광하고 싶습니다.

タクシーで観光したいのですが。

다 쿠 시 데 간 코 시 다 이 노 데 스 카

13. 길을 잃어버렸습니다.

道に迷ってしまいました。

미 치 니 마 욧 테 시 마 이 마 시 타

49

14. 지도로 길을 가르쳐 주세요.

地図で道を教えてくれますか？

지 즈 데 미 치 오 오 시 에 테 구 레 마 스 카

15. 요금은 얼마입니까?

料金はいくらですか？

료 킨 와 이 쿠 라 데 스 카

16. 어떤 종류의 투어가 있습니까?

どんな種類のツアーが

돈　나 슈투이노쓰　아　가

ありますか？

아 리 마 스 카

---

17. 당일 (반나절) 코드가 있습니까?

一日(半日)のコースは

이치니치 (한니치) 노　　고스　　와

ありますか？

아 리 마 스 카

---

18. 몇 시까지 버스에 돌아와야 합니까?

何時にバスに戻ってくれば

난 지 니 바 스 니 모 돗 테 구 레 바

いいですか？

이 이 데 스 카

19. 감사합니다. 오늘은 매우 즐거웠습니다.

ありがとうございます。
아 리 가 토 고 자 이 마 스

今日はとても楽しかったです。
교 와 도 테 모 노 다 시 캇 타 데 스

---

20. 실례합니다. ~로 가는 길을 가르쳐 주세요.

すみませんが、
스 미 마 센 가

~へ行く道を教えて下さい。
에 이 쿠 미 치 오 오 시 에 데 구 다 사 이

---

21. 제 사진을 찍어 주시겠습니까?

私の写真を撮っていただけ
와 다 시 노 샤 신 오 돗 테 이 타 다

ませんか？
마 센 카

22. 이 필름을 현상해 주십시오.

このカラーフィルムを現像し
고 노 가 라　　　피루무　　　오 겐 조 시

て下さい。
구 다 사 이

52

단어만 말해도 통한다

관광	**観光** 간코	
입장권	**入場券** 뉴조켄	
유람선	**遊覧船** 유란센	
안내원	**ガイド** 가이도	
명소	**名所** 메이쇼	
공원	**公園** 고엔	
박물관	**博物館** 하쿠부쓰칸	
시청	**支庁舎** 시초샤	

단어만 말해도 통한다

동물원	**動物園** 도부쓰엔
식물원	**植物園** 쇼쿠부쓰엔
유원지	**遊園地** 유엔지
극장	**劇場** 게키조
영화	**映画** 에이가
호수	**湖** 미즈우미
강	**川** 가와
바다	**海** 우미

54

단어만 말해도 통한다

한국어	일본어	발음
항구	**湾**	완
전람회	**展覧会**	덴란카이
유적	**遺跡**	이세키
시골	**田舎**	이니카
산	**山**	야마
연주회	**演奏会**	엔소카이
축제	**祭り**	마쯔리
입장료	**入場料**	뉴조료

단어만 말해도 통한다

우체국   **郵便局**
유빈교쿠

경찰서   **警察署**
게이사쓰쇼

01. 이 근처에 백화점은 있습니까?

この辺にデパートはありますか？

고 노 헨 니 데 파 도 와 아 리 마 스 카

02. 이곳의 특산물은 무엇입니까?

この町の特産品は何ですか？

고 노 마치 노 도 쿠 산히 와 난 데 스 카

03. 면세점은 있습니까?

免税店はありますか？

멘 세 텐 와 아 리 마 스 카

04. 만져 보아도 괜찮습니까?

手に取ってもいいですか？

데 니 돗 테 모 이 이 데 스 카

05. 이것으로 주세요.

これを下さい。

고 레 오 구다 사 이

06. 이것과 같은 물건이 있습니까?

これと同じ物はありますか？
고 레 토 오 나지모노와 아 리 마 스 카

---

07. 입어 보아도 괜찮습니까?

試着してみていいですか？
시차쿠 시 데 미 데 이 이데스 카

58

08. 별도로 포장해 주십시오.

べつべつに包んで下さい。
베 쓰베 쓰 니 쓰즌 데구다사 이

---

09. 조금 싸게는 안됩니까?

少し安くなりませんか？
스코시 야 스쿠나리 마 센 카

---

10. 얼마입니까?

いくらですか？
이 쿠 라데스 카

11. 영수증을 주십시오.

領収書を下さい。

료 슈 쇼 오 구다사 이

단어만 말해도 통한다

| 백화점 | **デパート** |
| | 데파도 |

| 지갑 | **財布** |
| | 사이후 |

| 안경 | **メガネ** |
| | 메가네 |

| 신사복 | **紳士服** |
| | 신시후쿠 |

60

| 숙녀복 | **婦人服** |
| | 후진후쿠 |

| 아동복 | **子供服** |
| | 고도모후쿠 |

| 유아복 | **ベビー服** |
| | 베비후쿠 |

| 양말 | **靴下** |
| | 구쓰시다 |

단어만 말해도 통한다

손수건	ハンカチ
	한카치

스카프	スカーフ
	스카후

장갑	手袋
	데부쿠로

모자	帽子
	보시

시계	時計
	도케이

반지	指輪
	유비와

귀걸이	イアリング
	이아린구

브로치	ブローチ
	부로치

보석	**宝石**
	호세키

금	**金**
	킨

은	**銀**
	긴

향수	**香水**
	고스이

만년필	**万年筆**
	만넨히쓰

연필	**えんぴつ**
	엔피쓰

우산	**カサ**
	가사

큰/작은	**おおきい / 小さい**
	오오키이 / 미지사이

긴/짧은	**長い / 短い**
	노가이 / 미지카이

넓은/좁은	**広い / 狭い**
	히로이 / 세마이

두꺼운 얇은	**厚い / 薄い**
	아쓰이 / 우쓰이

흑색	**黒**
	구로

흰색	**白**
	시로

빨강	**赤**
	아카

파랑	**青**
	아오

노랑	**黄色**
	기이로

핑크	ピンク	핀쿠
녹색	緑	미도리
회색	灰色	하이이로
갈색	茶色	자이로
면	綿	와타
마	麻	아사
견	絹	기누
가죽	皮	가와

64

단어만 말해도 통한다

모	**ウール** 우루	
구두가게	**靴店** 구쓰텐	
서점	**書店** 쇼텐	
식료품점	**食料品店** 쇼쿠료힌텐	
약국	**薬局** 얏쿄쿠	
현금	**現金** 겐킨	
여행자수표	**トラベラーズチェック** 도라베라즈젯쿠	
면세	**免税** 면제이	

단어만 말해도 통한다

영수증	**領収書** 료슈쇼	

싼	**安い** 야스이

할인	**割引** 와리비키

66

01. 공중전화는 어디에 있습니까?

公衆電話はどこですか？
고 슈 덴 와 와 도 고 데 스 카

02. 여보세요, ~입니까?

もしもし、~ですか？
모 시 모 시　　　데 스 카

03. ~씨를 부탁합니다.

~さんをお願いします。
산　　오 오 네 가 이 시 마 스

04. 저는 ~입니다.

こちらは~です。
고 치 라 와　　데 스

05. 언제쯤 돌아옵니까?

いつ戻りますか？
이 쓰 도 모 리 마 스 카

06. 우체국은 어디에 있습니까?

郵便局はどこですか？

유 빈 쿄쿠 와 도 쿄 데 스 카

07. 속달로 해주십시오.

速達にして下さい。

소쿠타쓰 니 시 테 구다 사 이

68

08. 요금은 제가 지불하겠습니다.

料金は私が払います。

료 킨 와 와타시가하라 이 마 스

09. 저에게 전화해 달라고 전해 주십시오.

私に電話するようにつたえて

와타시니덴 화스루 요 우 니 쓰 타 에 테

下さい。

구다 사 이

10. 우체국은 몇 시에 엽니까? (닫습니까?)

郵便局は何時に開き(閉まり)
유 빈쿄쿠 와 난 지 니 아 키 (시마리)

ますか？
데 스 카

11. ~로 국제전화를 걸고 싶습니다.

～へ国際電話をかけたいの
에 고쿠사이데 와 오 가 케 타 이 노

ですが？
데 스 카

69

단어만 말해도 통한다

공중전화	**公衆電話** 고슈덴와	
우체국	**郵便局** 유빈쿄구	
시내전화	**市内電話** 시나이덴와	
국제전화	**国際電話** 고쿠사이덴오	
소포	**小包** 고즈쓰미	
우표	**切手** 깃테	
속달	**速達** 소쿠타쓰	
주소	**住所** 주쇼	

70

취급주의	**取り扱い注意** 도리아스카이주이	
전보	**電報** 덴포	

71

01. 지갑을 도난당했습니다.
財布を盗まれました。
사이후 오누스마 제마 시타

02. 경찰서는 어디입니까?
警察署はどこですか？
게이사쓰쇼 와 도 코 데 스 카

72

03. 찾아주십시오.
探して下さい。
사가시 테 구다 사 이

04. 언제쯤 연락 받을 수 있습니까?
いつ頃連絡をもらえますか？
이 쓰 고로 렌 라쿠 오 모 라 에 마 스 카

05. 사고 증명서를 주십시오.
事故証明書を下さい。
지 코 쇼 메이 쇼 오 구다 사 이

06. 교통사고가 일어났습니다.

交通事故が起きました。

고 쓰 지 코 가 오 키 마 시 타

07. 경찰을 불러주세요.

警察を呼んで下さい。

게이사쓰오 욘 데구다 사 이

08. 병원으로 데려가 주세요.

病院へ連れて行って下さい。

뵤 인 에 쓰 레 테 잇 테구다 사 이

73

09. 여기가 아픕니다.

ここが痛いです。

고 코 가 이 타 이 데 스

10. 도와주세요.

助けて !

다 스 케 테

11. 의사를 불러 주십시오.
医師を呼んで下さい。
이 샤 오 욘 데구다사 이

12. 열이 있습니다.
熱があります。
네스가 아 리 마 스

13. 감기에 걸린 것 같습니다.
風邪をひいたみたいです。
가 제 오 히 이 타 미 타 이 데 스

14. 진단서를 주십시오.
診断書を下さい。
신 단 쇼 오 구다사 이

15. 이 처방전의 약을 주십시오.
この処方箋の薬を下さい。
고 노 쇼 호 센 노 구 스 리 오 구 다 사 이

16. 약은 어떻게 먹습니까?

どのように飲むのですか？

도 노 묘우 이 노 무 노 데 스 카

17. 여권을 잃어버렸습니다.

パスポートをなくしてしまった

파 토 포 토　오 나 쿠 시 테 시　맛 타

のですが。

노 데 스 가

75

의사	**医師** 이샤	
약국	**薬局** 얏쿄쿠	
병원	**病院** 뵤인	
처방전	**処方箋** 쇼호센	
열	**熱** 네쓰	
체온계	**体温計** 다이 온 케이	

귀국

01. 그것으로 예약해 주십시오.

それを予約して下さい。

소 레 오 요야쿠 시 테구다사 이

02. 비행기 편명과 시간을 알려 주십시오.

便名と時間を教えて下さい。

벤 메이 토 지 칸 오 오 시에테 구다 사 이

03. 체크인은 몇시에 합니까?

チェックインは何時ですか？

젯쿠인와　　　　　난 지 데 스 카

77

04. 몇 시부터 탑승이 시작됩니까?

搭乗は何時に始まりますか？

도 조 와 난 지 니하지마 리 마 스 카

05. 맡길짐이 없습니다.

預ける荷物はありません。

아르 케 루 니모 쓰 와 아 리 마

06. 초과요금은 얼마입니까?

超過料金はいくらですか？

조 카 료 킨 와 이 쿠 라 데 스 카

---

07. ~행 비행기를 예약하고 싶습니다.

~行きのフライトを予約し

이 키 노 후 라 이 토 오 요 야쿠 시

たいのですが。

타 이 노 데 스 가

78

---

08. 다음 ~행 비행기는 언제입니까?

つぎの~行きのフライトは

쓰 기 노　　이 키 노 후 라 이 토 와

いつですか？

이 스 데 스 카

09. ~항공의 카운터는 어디입니까?

～航空のカウンターはどこ

고쿠노가운타　와　도코

ですか？

데 스 카

79

단어만 말해도 통한다

한국어	일본어	발음
항공권	**航空券**	고쿠겐
탑승권	**搭乗券**	도조켄
공항	**空港**	구코
예약	**予約**	요야쿠
표	**票**	효
편명	**便名**	벤메이
시각표	**時刻表**	지코쿠효
목적지	**目的地**	모쿠데키치

memo

중국

아시아 동부에 있는 나라로, BC 221년 진(秦)나라의 시황제(始皇帝)가
처음으로 통일을 이루었다. 중국 최후의 통일왕조인
청(淸)나라에 이어 중화민국이 세워졌고, 국민당의 국민정부가 들어섰다.
이후 1949년 공산당이 중화인민공화국을 세웠다.

여행에서
필요한 표현

01. 안녕하십니까? (아침 인사)

你 (您) 早。

니 (닌) 자오

02. 안녕하십니까? (점심 인사)

你 (您) 好。

니 (닌) 하오

03. 안녕하십니까? (저녁 인사)

晚上好。

완 쌍 하오

85

04. 안녕히 가십시오. (흔히 헤어질 때)

再见。

짜이 쪤

05. 안녕히 가십시오. (손님을 배웅할 때)

慢走。

만 조우

06. 안녕히 주무십시오.

晚安。

완 안

07. 또 만납시다.

再见吧。

짜이 쩬 바

08. 또 만납시다. (또 오세요.)

再来。

짜이라이

86

09. 건강을 빕니다.

祝你 (您) 健康。

쭈 니 (닌) 쩬 캉

10. 감사합니다.

谢谢。

쎄 세

11. 천만에요.
不客气。
부 커 치

12. 실례합니다.
对不起。
뚜이 부 치

13. 좋습니다.
好。
하오

14. 매우 좋습니다.
很好。
헌 하오

15. 괜찮습니다. 근사합니다.
可以。
커 이

16. 부탁드립니다.
拜托。
빠이 퉈

---

17. 긍정적인 표현
是。 / 是的。
쓰　　　쓰 더

---

18. 부정적인 표현
不。 / 不是。
뿌　　　부 쓰

88

---

19. 만나게 되어 반갑습니다.
见到你（您）很高兴。
쩬 따오 니　（닌）　헌 가오 씽

---

20. 이름은 무엇입니까?
你（您）贵姓。
니　（닌）　꾸이 씽

21. 잠깐 기다려 주십시오.

请等一下。

칭 덩 이 쌰

22. 앉아 주십시오.

请坐。

칭 쭤

01. 여행 목적은 무엇입니까?

旅行目的是什么？

뤼 싱 무 더 쓰 선 머

02. 관광 (비즈니스) 입니다.

观光（事务）。

관 광　　（쓰우）

03. 며칠 체류합니까?

你（您）打算住多少天？

니　（닌）　다 쏸 쭈 둬 소우 톈

90

04. 일주일 (이주일) 입니다.

一周（二周）。

이 조우　（량 조우）

05. 신고할 물건이 있습니까?

有没有申报的物品？

유 머이 유 선 뽀우 더 우 핀

06. 없습니다. (있습니다.)
没有（有）。
머이 유　　（유）

07. 수화물은 어디에서 찾습니까?
行李在哪儿取？
싱 리 짜이　날　취

08. 환전은 어디에서 합니까?
在哪儿换钱？
짜이　날　환 첸

09. 중국돈으로 바꿔주십시오.
请换成人民币吧。
칭 환 성 런 민 삐 빠

10. 관광 안내는 어디서 합니까?
请问，旅行导游在哪儿？
칭 원　　뤼 싱 다오 유 짜이　날

11. 시내 지도 (중국 교통지도) 가 있습니까?

有市区（中国交通）地图吗？

유 쓰 취　　（중궈교우퉁）　　띠 투 마

12. 짐꾼이 있습니까?

有行李搬运员吗？

유 싱 리 반 윈 웬 마

13. (주소를 보이며) 이곳으로 가주십시오.

我要到这儿。

워 야오따오　쩔

14. 얼마입니까?

多少钱？

뒤 소우 첸

15. 이 짐을 택시 (버스) 정거장까지 옮겨 주십시오.

请把行李运到出租车站

칭 바 싱 리 윈 따오추 주 처 짠

（公共汽车站）。

(꿍궁치처짠)

93

단어만 말해도 통한다

공항	**机场** 지 창	
공항 복무원	**机场服务员** 지 창 푸 우 웬	
여권	**护照** 후 쪼우	
입국검사	**入境检查好** 루 찡 젠 차	
신청	**申报** 선 뽀우	
짐	**行李** 싱 리	
바꾸다	**换** 환	
현금	**现金** 쎈 진	

94

잔돈	零钱 링 첸	
비용	费用 페이 융	
택시	出租车 추 주 처	
버스	公共汽车（公车） 꿍 꿍 치 처 (꿍처)	
여관	旅店 뤼 뗸	
호텔	酒店 지우 뗸	
해관	海关 하이 관	

95

01. 싼 호텔 (여관)을 소개해 주십시오.

请给我介绍便宜的酒店吧。

칭 거이 워 쩨 싸오 펜 이 더 지우 뗸 마

02. 방을 예약하려 합니다.

想订房间。

샹 떵 프앙 졘

96

03. 욕실 (샤워)이 있는 방으로 하고 싶습니다.

我要带浴池 (淋浴) 的房间。

워 야오따이 위 츠 (린위) 더 프앙 졘

04. 하룻밤 얼마 입니까?

住一宿多少钱 ?

쭈 이 시유 뒤 소우 쳰

05. 싱글 룸 (트윈 룸)을 원합니다.

要单人 (双人) 房。

야오 딴 런 (쌍런) 프앙

06. 체크 인 해주십시오.

请办理住宿登记。

칭 빤 리 쭈 쑤 띵 찌

---

07. 식당은 어디에 있습니까?

餐厅在哪里？

찬 팅 짜이 나 리

---

08. 식당은 몇 시에 엽니까?

餐厅几点开饭？

찬 팅 지 뎬 카이 프안

97

---

09. 여기서 버스 표를 살 수 있습니까?

在这里能买公车票吗？

짜이 쩌 리 넝 마이 꿍 처 표우 마

---

10. 공항까지 택시로 몇 분 정도 걸립니까?

去机场要几分钟？

취 지 창 요우 지 프언 중

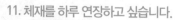

11. 체재를 하루 연장하고 싶습니다.

我要再住一天。

워 야오 짜이 쭈 이 텐

98

단어만 말해도 통한다

방을 예약한다	**订房** 떵프앙	
싱글 룸	**单人房** 딴 런 프앙	
트윈룸	**双人房** 쐉 런 프앙	
욕실이 있는	**带洗澡间** 따이 시 조우 젠	
열쇠	**钥匙** 야오 스	
아침밥	**早饭** 자오 프안	
점심	**午饭** 우 프안	
저녁	**晚饭** 완 프안	

단어만 말해도 통한다

로비	**大厅** 따 팅

몇층	**几楼** 지 로우

비상구	**太平门** 타이 핑 먼

지배인	**经理** 징 리

영수증	**收据** 서우 쥐

짐꾼	**行李员** 싱 리 웬

화장실	**洗手间** 시 소우 젠

온수	**温水** 원 수이

단어만 말해도 통한다

전화	**电话** 뗀 화
내선	**内线** 네이 셴
시내통화	**市内电话** 스 네이 뗀 화
장거리 통화	**长途电话** 창 투 뗀 화
국제전화	**国际电话** 궈 찌 뗀 화
팩스	**传真** 촨 전
전화요금	**电话费** 뗀 화 페이
우편물	**信(원고한자다름)** 씬

우표	邮票 유 포우	

| 이발소 | 理发店
리 프아 뗀 |

| 미용실 | 美容室
메이 룽 쓰 |

01. 어디에 음식점이 있습니까?

哪儿有餐馆儿？

날 유 찬 괄

02. 본지방의 명물 요리를 먹고 싶습니다.

想吃本地的风味。

샹 츠 번 띠 더 프엉 월

03. 비싸지 않은 음식을 원합니다.

便宜一点的。

펜 이 이 덴 더

103

04. 예약이 필요합니까?

需要预约吗？

쉬 야오 위 웨 마

05. 몇시까지 엽니까?

请问，几点关门？

칭 원 지 덴 관 먼

06. 어느 정도 기다려야 합니까?

要等多长时间？

야오 덩 둬 창 스 졘

---

07. 메뉴를 보여 주십시오.

请看看菜单。

칭 칸 칸 차이 단

---

08. 가장 자신 있는 요리는 무엇입니까?

拿手的好菜是什么？

나 소우 더 하오차이 쓰 선 머

---

09. 저는 정식으로 하겠습니다.

我要套餐。

워 야오타오 찬

---

10. 이것은 어떤 요리입니까?

这是什么菜？

쩌 스 선 머 차이

11. 먹는 방법을 알려 주십시오.

请告诉我吃法。

칭 까오 수 워 츠 프아

12. 미네랄 워터를 주십시오.

请给我一瓶矿泉水。

칭 거이 워 이 핑 쾅 췬 수이

13. 매우 맛있습니다.

很好吃。

헌 하오 츠

105

14. 계산 좀 부탁합니다.

请算账。

칭 쏸 짱

15. 전부 얼마입니까?

一共多少钱 ?

이 꿍 둬 사오 첸

16. 카드를 사용할 수 있습니까?

可以用卡吗?

커 이 융 카 마

106

단어만 말해도 통한다

식당	**餐厅** 찬 탕
사천요리	**四川菜** 쓰 촨 차이
정식	**套餐** 타오 찬
패스트 푸드	**快餐** 콰이 찬
서양요리	**西餐** 시 찬
생선요리	**鱼** 위
새우	**虾** 샤
장어	**鳗鱼** 만 위

단어만 말해도 통한다

소고기	**牛肉** 뉴 러우

돼지고기	**猪肉** 주 러우

닭고기	**鸡肉** 지 러우

양고기	**羊肉** 양 러우

갈비	**排骨** 파이 구

오이	**黄瓜** 황 과

셀러리	**芹菜** 친 차이

피망	**青椒** 칭 쟈오

단어만 말해도 통한다

시금치	**菠菜** 버 차이
캐버치	**洋白菜** 양 바이 차이
당근	**胡萝卜** 후 뤄 푸
표고버섯	**香菇** 샹 구
감자	**土豆** 투 떠우
콩꼬투리	**豆角** 떠우 쟈오
두부	**豆腐** 떠우 프
당면	**粉条** 프언 탸오

단어만 말해도 통한다

이밥	大米饭
	따 미 프안

조밥	小米饭
	샤오 미 프안

옥수수	玉米
	위 미

토마토	西红柿
	시 훙 쓰

110

매운고추	辣椒
	라 쟈오

과일	水果
	수이 궈

사과	苹果
	핑 궈

배	梨子
	리 즈

단어만 말해도 통한다

귤	桔子
	쥐즈

딸기	草莓
	차오 메이

복숭아	桃
	타오

포도	葡萄
	푸 타오

111

수박	西瓜
	시 과

참외	甜瓜
	텐 과

레몬	柠檬
	닝 멍

파인애플	菠萝
	보 뤄

구운 것	**烤的** 카오 더	
찐 것	**蒸的** 쩡 더	
튀긴 것	**炸的** 짜 더	
소금	**盐** 옌	
간장	**酱油** 쨩 이유	
식초	**醋** 추	
된장	**大酱** 따쨩	
참기름	**香油** 샹 이유	

음료수	饮用水 인 융 수이

탄산음료	汽水 치 수이

코카콜라	可口可乐 커 코우 커 러

술	酒 지우

맥주	啤酒 피 지우

위스키	威士忌 워이 스 찌

브랜디	白兰地 바이 란 띠

01. 택시, 기차역으로 가주세요.

出租车，到火车站。

추 주 처　따오 훠 처 짠

02. 매표소는 어디입니까?

请问，售票处在哪？

칭 원　　서우표우 추 짜이 나

114

03. ~행 표를 주십시오.

到~（北京）的车票。

따오　　（버이 징）　더 처 퍄오

04. 차표값이 얼마입니까?

票价是多少？

퍄오 쨔 쓰 둬 사오

05. 열차는 정각에 떠납니까?

列车正点开吗？

레 처 쩡 덴 카이 마

06. 좌석이 있습니까?

有座位吗？

유 쭤 워이 마

07. 침대가 있습니까?

有卧铺吗？

유 워 푸 마

08. 얼마입니까?

票价是多少？

퍄오 쟈 쓰 둬 사오

115

09. 관광배는 있습니까?

有旅游船吗？

유 뤼 이유 촨 마

10. 배는 어디에서 탑니까?

哪儿 上船呢？

나 얼(날)쌍 촨 너

11. 출항은 몇 시입니까?
几点起船?
지 덴 치 촨

12. 지하철 역은 어디 입니까?
地铁站哪儿?
떠 테 짠 나 얼(날)

116

13. 지하철 표는 어디서 삽니까?
在哪儿 买票呢?
짜이 나얼(날)마이퍄오 너

14. ~로 버스는 어디 있습니까?
~路公共汽车在哪儿?
루 궁 꿍 치 처 짜이 나 얼(날)

15. ~에 도착하면 알려주세요.
到~站请告诉我一声。
따오 짠 칭 까오 수 워 이 성

안내소 **询问处**
쒼 원 추

역 **车站**
처 짠

개찰구 **检票口**
젠 퍄오 코우

입구 **入口**
루 코우

출구 **出口**
추 코우

117

방향(~행) **开往**
카이 왕

환승 **换乘**
환 청

탑승권 **机票**
지 퍄오

버스 정거장	**公共汽车站** 궁 꿍 치 처 짠	
표 값	**票价** 퍄오 쨔	
편도	**单程** 딴 청	
왕복	**往返** 왕 프안	
렌터카	**租汽车** 쭈 치 처	
주유소	**加油站** 쟈 유 짠	
주차장	**停车站** 팅 처 짠	
고속도로	**高速公路** 가오 쑤 궁 루	

단어만 말해도 통한다

좌측	**左边** 쭤 벤	
우측	**右边** 이유 벤	
뒤쪽	**后边** 호우 벤	
분실물	**遗失品** 이 스 핀	
성인	**大人** 따 런	
어린이	**孩子** 하이 즈	

01. 관광안내소는 어디입니까?

导游处在哪？

다오 유 추 짜이 나

02. 관광지도가 있습니까?

有旅游地图吗？

유 뤼 유 띠 투 마

03. 저는 ~을 보고싶습니다.

我想去~参观。

워 샹 취 찬 관

120

04. 경치가 좋은 곳은 어디 입니까?

哪儿风景最好呢？

나 얼 프엉 징 쭈이하오 너

05. 걸어서 갈 수 있습니까?

能走着去吗？

넝 조우 저 취 마

06. 이곳에서 멉니까?

离这儿远吗？

리 쩌 얼 웬 마

---

07. 버스로 갈 수 있습니까?

能坐公车去吗？

넝 쭤 궁 처 취 마

---

08. 그곳 이름을 써 주시겠습니까?

那儿地名能写给我吗？

나 얼 띠 밍 넝 세 거이 워 마

---

09. 입장료는 얼마입니까?

门票多少？

먼 퍄오 둬 사오

---

10. 당일 코스가 있습니까?

有一日游吗？

유 이 르 유 마

11. 인기 좋은 투어를 소개해 주십시오.
请您介绍一下受欢迎的旅游路线。
칭 닌 쩨 싸오 이 쌰 쏘우 환 잉 더 뤼 유루 쎈

12. 식사는 포함되는 있습니까?
包括吃饭吗？
바오 쿼 츠 프안 마

122

13. 어디에서 출발합니까?
从哪出发？
충 나 추 프아

14. 몇 시에 출발합니까?
几点出发？
지 덴 추 프아

15. 몇 시쯤 돌아옵니까?
大概几点回来？
따 까이 지 덴 후이라이

16. 택시로 관광하고 싶습니다.

我想坐出租车旅游。

워 샹 쭤 추 주 처 뤼 유

---

17. 사진을 찍어도 됩니까?

可以照相吗？

커 이 짜오 썅 마

---

18. 선물가게는 어디에 있습니까?

有卖纪念品的地方吗？

유 마이 찌 녠 핀 더 띠 프앙 마

123

---

19. 감사합니다. 오늘은 매우 즐거웠습니다.

今天旅游得很高兴。谢谢！

진 텐 뤼 유 더 헌 가오 씽　　쎄 세

---

20. 여기가 어디입니까?

请问，这是哪？

칭 원　　쩌 쓰 나

21. 이 근처에 공중화장실이 있습니까?
这附近有公共厕所吗？
쩌 프우 찐 유 궁 꿍 처 숴 마

22. 제 사진을 찍어 주세요.
请给我照相好吗？
칭 거이 워 짜오 썅 하오 마

124

23. 저와 함께 사진을 찍어 주시겠습니까?
请跟我一起可以照相吗？
칭 건 워 이 치 커 이 짜오 썅 마

24. 사진을 보내겠습니다.
我把相片给你邮去。
워 바 썅 펜 거이 니 유 취

25. 주소를 이곳에 적어 주십시오.
请在这写下您的地址。
칭 짜이 쩌 세 쌰 닌 더 띠 즈

26. 필름은 어디에서 삽니까?

在哪能买到胶卷呢？

짜이 나 넝 마이따오 죠 쮈 너

---

27. 이 필름을 현상해 주십시오.

请给我洗胶卷吧。

칭 거이 워 시 죠 쮈 너

---

28. 칼라 필름을 주세요.

想要彩色胶卷。

샹야오차이 써 죠 쮈

125

단어만 말해도 통한다

관광	观光 관광
입장권	门票（入场券） 먼 퍄오(루 창 췐)
유람선	游船 류 촨
안내원	向导员 쌍 다오 웬
명소	名胜 밍 썽
공원	公园 궁 웬
미술관	美术馆 머이 쑤 관
박물관	博物馆 보 우 관

126

시청	**市政府** 쓰 쩡 프우	
궁전	**宮殿** 궁 뗀	
동물원	**植物园** 뚱 우 웬	
식물원	**植物园** 즈 우 웬	
유원지	**游园地** 류 웬 띠	
극장	**剧场** 쮜 창	
영화	**电影** 뗀 잉	
전람회	**展览会** 잔 란 후이	

127

단어만 말해도 통한다

교회	**教堂**
	쨔오 탕

탑	**塔**
	타

호수	**湖**
	후

강	**河**
	허

바다	**海**
	하이

당리	**桥**
	챠오

항구	**港口**
	강 코우

산	**山**
	산

단어만 말해도 통한다

경찰서	**公安局** 궁 안 쥐	
우체국	**邮电局** 유 뗸 쥐	
연주회	**演奏会** 엔 쩌우 후이	
축전	**祝典** 쭈 뗸	
서점	**书店** 수 뗸	
도서관	**图书馆** 투 수 관	

01. 이 근처에 백화점이 있습니까?
请问，附近有百货商店吗？
칭 원　프우 찐 유 바이 훠 상 뗀 마

02. 여기에 슈퍼마켓이 있습니까?
这里有超市吗？
쩌 저 유 초우 쓰 마

130

03. 이곳의 특산물은 무엇입니까?
这儿 有什么土特产品？
쩌 얼(쩔)유 선 머 투 터 찬 핀

04. 면세점은 있습니까?
这里有免税店吗？
쩌 리 유 멘 씨우 뗀 마

05. 구경하고 있을 뿐입니다.
我只是看看。
워 즈 쓰 칸 칸

06. 다른 것을 보여 주세요.
请给我看看别的。
칭 거이 워 칸 칸 베 더

07. 만져 보아도 괜찮습니까?
可以摸摸吗？
커 이 모 모 마

08. 이것과 같은 물건이 있습니까?
跟这个一样的有吗？
건 쩌 꺼 이 양 더 유 마

09. 입어 보아도 괜찮습니다.
可以试穿吗？
커 이 쓰 촨 마

10. 이것으로 주십시오.
我买这个。
워 마이 쩌 거

11. 포장해 주세요.

给我包装吧。

거이 워 바오 촹 바

---

12. 조금 싸게는 안됩니까?

能不能便宜一点？

넝 부 넝 펜 이 이 덴

---

13. 영수증을 주세요.

请给我发票吧。

칭 거이 워 프아퍄오 바

단어만 말해도 통한다

| 백화점 | **百货商店** |
| | 바이 훠 상 창 |

| 슈퍼마켓 | **超市** |
| | 차오 쓰 |

| 지갑 | **钱包** |
| | 첸 바오 |

| 안경 | **眼镜** |
| | 옌 찡 |

| 장난감 | **玩具** |
| | 완 쮜 |

133

| 신사복 | **男装** |
| | 난 쫭 |

| 숙녀복 | **女装** |
| | 뉘 쫭 |

| 아동복 | **儿童服** |
| | 얼 퉁 푸 |

유아복장	幼儿服装
	유 얼 푸 촹

양말	袜子
	와 즈

손수건	手绢
	소우 쮄

스카프	头巾
	토우 진

장갑	手套
	소우 타오

넥타이	领带
	링 따이

모자	帽子
	마오 즈

시계	手表
	소우 뱌우

단어만 말해도 통한다

반지	**戒指** 쩨즈	
귀걸이	**耳环** 얼 환	
브로치	**胸针** 슝 전	
보석	**宝石** 바오스	
금	**金子** 진즈	
은	**银子** 인즈	
향수	**香水** 샹 수이	
비누	**肥皂** 페이 짜오	

만년필	钢笔 깡비
볼펜	圆珠笔 웬주비
봉투	信封 씬 프엉
우산	雨伞 위산
길다/짧다	长 / 短 창 / 똰
크다/작다	大 / 小 따 / 샤오
넓다/좁다	宽 / 窄 콴 / 자이
두껍다 얇다	厚 / 薄 허우 / 바오

단어만 말해도 통한다

흑색	**黑色** 허이 써
흰색	**白色** 바이 써
빨강	**红色** 훙 써
파랑	**蓝色** 란 써
노랑	**黄色** 황 써
핑크	**粉红色** 프언 훙 써
녹색	**绿色** 뤼 써
보라색	**紫色** 즈 써

단어만 말해도 통한다

회색	**灰色** 후이 써	
갈색	**褐色** 허 써	
면포	**棉布** 몐 뿌	
마포	**麻布** 마 뿌	
견	**丝绸** 스 처우	
가죽	**皮革** 피 거	
양모	**羊毛** 양 모우	
구두가게	**鞋垫** 세 뗸	

단어만 말해도 통한다

보석가게	**珠宝店** 주 바오 뗀	
카메라	**照相机** 짜오 샹 지	
핸드폰	**手机** 소우 지	
문방구	**文具店** 원 쥐 뗀	
식료품 상점	**副食品商店** 프 스 핀 상 뗀	
약국	**药店** 야오 뗀	
현금	**现金** 쎈 진	
여행자 수표	**旅行支票** 뤼 싱 즈 퍄오	

단어만 말해도 통한다

비싸다	**贵** 꾸이	
싸다	**便宜** 펜 이	
할인	**减价** 젠 쨔	

140

통신

01. 공중전화는 어디에 있습니까?
请问，公用电话在哪？
칭 원　　공 융 뗸 화 짜이 나

02. 여보세요, 누구세요?
喂，是谁啊？
워이　　쓰 수이 아

03. ~씨 입니까?
是~先生吗？
쓰　　센 성 마

141

04. 저는 ~입니다.
我是~。
워 쓰

05. 다시 한번 말씀해 주세요.
请再说一遍。
칭 짜이 쉬 이 뻰

06. 언제쯤 돌아옵니까?

什么时候回来？

선 머 스 허우후이라이

07. 빨리 가려합니다.

我想快回去。

워 샹 콰이 후 취

142

08. 저에게 전화해 달라고 전해 주세요.

请让他，给我打电话。

칭 랑 타 거이위 다 뗀 화

09. 죄송합니다. 잘못 걸었습니다.

对不起，我打错了。

뚜이 부 치 워 다 춰 러

10. 국제전화를 걸고 싶습니다.

我想打国际电话。

워 샹 다 궈 찌 뗀 화

11. 수신자 부담으로 전화를 걸려고 합니다.

我想用电话费对方付款。

워 샹 융 뗸 화 페이뚜이프앙푸 콴

12. 전화 요금은 제가 지불하겠습니다.

电话费由我付。

뗸 화 페이유 워 푸

13. 우체국은 어디에 있습니까?

邮局在哪？

유 쥐 짜이 나

143

14. 속달로 해주십시오.

请用快件。

칭 융 콰이 젤

공중전화	**公用电话**
	궁 융 뗸화

우체국	**邮局**
	유 쥐

시내전화	**市内电话**
	쓰 너이 뗸화

장거리 전화	**长途电话**
	창 투 뗸화

국제전화	**国际电话**
	궈 찌 뗸화

교환수	**话务员**
	화 우 웬

전화부	**电话簿**
	뗸화 푸

소포	**邮包**
	유 바오

우표	**邮票**
	유 퍄오

속달	**快件 (信)**
	콰이 쪈 (씬)

봉투	**信封**
	씬 프엉

주소	**地址**
	띠 즈

전화번호	**电话号码**
	뗀 화 하오 마

취급주의	**易碎物品**
	이 쑤이 우 핀

 사건사고

01. 여권을 잃어버렸습니다.
我丢了护照。
워 떠우 러 후 짜오

02. 지갑을 도난당했습니다.
钱包被偷了。
첸 바오뻬이터우 러

146

03. 경찰서는 어디입니까?
公安局在哪？
궁 안 뤼 짜이 나

04. 찾아 주십시오.
请帮我找一找。
칭 방 워 자오 이 자오

05. 언제쯤 연락 받을 수 있습니까?
什么时候给我回信？
선 머 스 허우거이 워 후이 씬

06. 사고 증명서를 해 주십시오.

请给我开一张事故证明书。

칭 거이 워 카이 이 장 쓰 구 쩡 밍 수

---

07. ~대사관은 어디에 있습니까?

~大使馆在哪？

따 스 관 짜이 나

---

08. 사람 살려줘요!

救人啊！

찌우 런 아

147

---

09. 도둑이야! 잡아라!

小偷啊！抓住啊！

샤오터우 아　　　쫘 쭈 아

---

10. 경찰을 불러 주십시오.

请赶快叫警察。

칭 간 콰이쨔오 징 차

11. 교통사고가 일어났습니다.
发生交通事故了。
프아 성 쟈오 퉁 쓰 구 러

12. 병원으로 데려다 주세요.
请带我到医院去。
칭 따이 워 따오 이 웬 취

148

13. 여기가 아픕니다.
这儿疼。
쩌 얼 텅

14. 서둘러 주십시오.
快一点。
콰이 이 덴

15. 응급 조치를 부탁합니다.
请急救处置吧。
칭 지 찌우 추 쪼 바

16. 약 좀 주십시오.
请拿点儿药吧。
칭 나 델 야오 바

17. 의사를 불러 주세요.
请叫一下大夫。
칭 짜오 이 쌰 따이 푸

18. 열이 있습니다.
有点儿发烧。
유 델 프아사오

149

19. 한기가 있습니다.
有点儿发冷。
유 델 프아 텅

20. 현기증이 납니다.
头晕。
터우 훈

21. 감기에 걸린것 같습니다.
好像感冒了。
하오 썅 간 마오 러

22. 저는 알레르기 체질입니다.
我是过敏性体质。
워 쓰 꿔 민 씽 티 르

150

23. 발목을 삐었습니다.
挫伤了脚腕。
니우 상 러 쟈오 완

24. 진단서를 주세요.
请给我开诊断书吧。
칭 거이 워 까이 전 딴 수 바

25. 처방전을 적어 주세요.
请给我药方吧。
칭 거 워 야오프앙 바

26. 약을 주십시오.

请给我药。

칭 거이 워 야오

27. 약은 어떻게 먹습니까?

药，怎么吃？

야오　　전 머 츠

28. 이 처방전의 약을 주세요.

请这个药方给药吧。

칭　쩌 거 야오프앙거이야오 바

29. 주사를 놓습니까?

要打针吗？

야오 다 쩐 마

의사	大夫 따이 푸	
약국	药店 야오 뗸	
병원	医院 이 웬	
병보다	看病 칸 빙	
처방전	药方 야오 프앙	
체온계	体温计 티 운 찌	
열	发热 프아 러	

152

01. ~행 비행기를 예약하려 합니다.
我要预订一张到~的机票。
워 야오 위 띵 이 장 따오 더 지 퍄오

02. 예약을 취소하고 싶습니다.
我想取消预票。
워 샹 취 샤오 위 퍄오

03. 새로 예약해 주십시오.
给我重新订机票。
거이워 충 신 떵 지 퍄오

04. ~행 비행기는 몇 시 입니까?
~的班机是几点？
더 반 지 쓰 지 뎬

05. ~항공 카운터는 어디입니까?
~0登机处在哪？
0 덩 지 추 짜이 나

06. 탑승은 몇시에 합니까?
搭乘几点开始？
타 청 지 덴 카이스

---

07. 창가 (통로측) 자리로 주세요.
我要靠窗（过道）的座位。
워 야오카오 챵 　 （꿔 따오）　 더　 쮜 워이

154

08. 맡길 짐이 없습니다.
没有托运的行李。
머이 유 퉈 윈 더 싱 리

---

09. 초과 요금은 얼마입니까?
超重要付多少钱？
차오 쭝 야오 프 뒤 사오 첸

단어만 말해도 통한다

항공권	**飞机票** 페이 지 퍄오	
탑승권	**登机牌** 떵 지 파이	
공항	**机场** 지 창	
예약	**预约** 위 야오	
편명	**航班号** 항 반 하오	
목적지	**目的地** 무 더 떠	
항공회사	**航空公司** 항 쿵 궁스	

155

러시아

극동에서 동부 유럽에 걸쳐 있는 나라이다. 12세기 모스크바공국에 기원을 두며 1917년 러시아혁명이 일어날 때까지 대제국을 이루다 1924년 러시아 소비에트 사회주의 연방공화국으로 거듭났다. 1990년 고르바초프의 냉전종식 정책으로 각 공화국들에 민족주의 분규가 일어나면서 1991년 12월 31일 소련이 해체, 독립국가가 되었다.

모스크바

소치

야쿠츠크

사할린

노보시비르스크

이르쿠츠크

블라디보스토크

여행에서
필요한 표현

01. 안녕하세요. (아침)
Доброе утро.
도브로에　우뜨라

02. 안녕하세요. (점심)
Добрый день.
도브르이　　젠

03. 안녕하세요. (저녁)
Добрый вечер.
도브르이　　베체르

04. 처음 뵙겠습니다.
Рад познакомиться с Вами.
라드 빠즈나꼬밋짜　　　스　바미

05. 안녕히 가세요.
Всего доброго.
브셰보　　도브라바

06. 또 만나요.
До свидания.
다　　스비다니야

07. 좋은 하루 보내세요.
Доброго дня.
도브라바　　드냐

08. 행운을 빌어요.
Желаю вам удачи.
쥈라유　　밤　　우다치

160

09. 감사합니다.
Спасибо.
스빠시바

10. 천만에요.
Не за что.
네　자　쉬또

11. 도와주셔서 감사합니다.

Спасибо за помощь.

스빠시바　　자　　뽀모쉬

12. 미안합니다.

Извините.

이즈비니쩨

13. 늦어서 미안합니다.

Извините за опоздание.

이즈비니쩨　　자　　아빠즈다니예

14. 제 잘못이에요.

Это всё моя вина.

에따　　브쇼　　마야　　빈나

15. 좋아요.

Хорошо. / Отлично.

하라쇼　　　/　　아뜰리치나

16. 알겠습니다.
Хорошо.
하라쇼

---

17. 맞아요.
Да, правильно.
다   프라빌나

---

18. 잘 모르겠어요.
Я не знаю.
야   녜   즈나유

---

19. 좀 도와주시겠어요?
Можете мне помочь?
모줴쩨   므녜   빠모취

---

20. 부탁해도 될까요?
Можно попросить?
모쥐나   빠프라시찌

21. 러시아어는 잘 모르겠어요.

Я плохо знаю русский язык.

야　뾸로하　즈나유　루스끼　이지크

---

22. 한번 더 말씀해 주세요.

Скажите ещё раз, пожалуйста.

스카쥐쩨　이쇼　라스　빠좔루이스타

---

23. 여기에 적어주세요.

Напишите здесь, пожалуйста.

나삐쉬쩨　즈제시,　빠좔루이스타

163

공항에서

01. 국제선 터미널은 어디에요?

Где находится международный
그제   나호짓짜   메쥐두나로드느이

терминал аэропорта?
제르미날   아에라뽀르따

---

02. 여권을 보여주시겠어요.

Покажите, пожалуйста,
빠카쥐쩨   빠좔루이스타

164

ваш паспорт.
바쉬   빠스뽀르뜨

---

03. 부치실 짐이 있습니까?

Сколько у вас мест багажа?
스꼴까   우   바스   메스뜨   바가좌

---

04. 곧 탑승을 시작하겠습니다.

Скоро начнётся посадка.
스꼬라   나취뇻짜   빠싸드까

05. 탑승권을 보여주시겠습니까?

Могу ли я взглянуть на ваш
마구 리 야 브즈글랴느찌 나 바쉬

посадочный талон, пожалуйста?
빠사도취느이 딸론, 빠좔루이스타?

관광	**Туризм** 뚜리즘
사업	**Бизнес** 비즈니스
신혼여행	**Свадебное путешествие** 스바제브노예 뿌쪠쉐스트비예
회의	**Собрание** 싸브라니예
공부	**Учёба** 우쵸바
휴가	**Отпуск** 오트푸스크
여행	**Путешествие** 뿌쪠쉐스트비예
친척 방문	**Визит к родственникам** 비지트 크 로스트벤니캄

166

입국할때

01. 여권을 보여주시겠습니까?

Покажите, пожалуйста, ваш паспорт.
빠까쥐쩨 　　　 빠좔루이스타 　　　 바쉬 　 빠스뽀르뜨

---

02. 방문 목적은 무엇입니까?

Какова цель вашей поездки?
까까바 　　　 쩰 　　 바쉐이 　　 빠예즈드끼

---

03. 사업 때문에 왔습니다.

Цель моей поездки - бизнес.
쩰 　　 마예이 　　 빠예즈드끼 　　　 비즈니스

167

---

04. 어디에 머물 예정인가요?

Где вы остановитесь?
그제 　 븨 　　　 아스타나비쩨씨

---

05. 그랜드 호텔에서요.

Я остановлюсь в отеле Гранд.
야 　　 아스타나블류쓰 　　 브 　 아쩰례 　　 그란드

06. 친구네 집에서요.

Я остановлюсь у друга.
야　　아스타나블류쓰　　우　드루가

---

07. 5일간이요.

Пять дней.
빠쨔　　드녜이

---

08. 짐은 어디에서 찾나요?

Где можно получить багаж?
그제　　모쥐나　　　빨루취찌　　　바가쉬

---

09. 좀 도와주세요.

Помогите, пожалуйста.
빠마기쩨　　　　　빠좔루이스타

---

10. 가방안에는 뭐가 있죠?

Что у вас в чемодане?
쉬또　우　바스　브　　쳬마단녜

11. 개인적인 용품들이에요.

Мои личные вещи.

마이　　리취느이예　　베쉬

12. 가방을 열어주시겠어요?

Можете открыть чемодан?

모줴쩨　　　아트크리찌　　　췌마단

13. 특별히 신고할 물건은 없습니까?

Нет ли у вас вещей для

넷　리 우 바스　베쉐이　들랴

169

декларирования?

제클라리로바니야

14. 아니요 없습니다.

Нет, таких вещей у меня нет.

넷　　따끼흐　　베쉐이　우　미냐　　넷

15. 환전하는 곳은 어디예요?

Где можно поменять деньги?
그제　　모쥐나　　　빠메냐찌　　　젠기

16. 미국 달러를 루블로 환전 할 수 있나요?

Я хочу обменять доллары на рубли.
야　하추　　아브메냐찌　　　돌로르이　　나　루블리

170

17. 돈은 어떻게 드릴까요?

Какими купюрами вы хотите
까끼미　　　　꾸뷰라미　　　빅　　하찌쩨

получить?
빨루취찌

18. 10루블과 50루블로 주세요.

Десять рублей и пятьдесят
제샤찌　　　루블레이　　이　　삐찌제샤뜨

рублей.
루블레이

01. 빈방 있나요?

У вас есть свободные номера?

우 바스 예스찌 스바보드느이예 나몌라

02. 어떤방을 원하세요?

Какой номер вы желаете?

까꼬이 노몌르 븨 쥈라예쩨

03. 싱글룸으로 주세요.

Мне нужен одноместный номер.

므녜 뉘쥆 아드나몌스트느이 노몌르

171

04. 좀 더 싼방은 없나요?

Нет ли у вас номера подешевле?

녯 리 우 바스 나몌라 빠제쉐블레

05. 1박에 얼마예요?

Сколько стоит одна ночь?

스꼴까 스또이트 아드나 노취

06. 세탁서비스 돼나요?

Можно ли воспользоваться
모쥐나 리 바스뽈조밧짜

сервисом химчитки?
세르비썸 힘취스트키

---

07. 인터넷을 사용할 수 있나요?

Можно ли воспользоваться
모쥐나 리 바스뽈조밧짜

интернетом?
인쩨르넷똠

172

---

08. 이건 무슨 요금입니까?

Что это за тариф?
쉬또 에떠 자 따리프

---

09. 하루 더 있고 싶은데요.

Я хочу остаться ещё на одну ночь.
야 하추 아스탓쌰 이쇼 나 아드누 노취

10. 체크아웃은 몇 시인가요?

До сколько мне надо
다　　스깔끼　　므녜　　나다

освободить номер?
아스바바지찌　　노메르

---

11. 지금 체크인 할 수 있어요?

Можно ли заселиться
모쥐나　　리　　자셀릿짜

сейчас?
시차스

---

12. 제 이름은 ~입니다.

Да, меня зовут ~.
다　　미녀　　자부트

---

13. 택시를 불러 주시겠어요?

Можете вызвать такси?
모줴쩨　　브이즈바찌　　딱시

01. 길 좀 알려 주시겠어요?
Можете показать дорогу?
모줴쩨 빠카자찌 다로구

02. 여기에 가고 싶은데요.
Я хочу поехать туда.
야 하루 빠예하찌 투다

174

03. 근처에 슈퍼가 있나요?
Есть ли здесь супермаркет?
예스찌 리 즈제시 수페르마르켓트

04. 가장 가까운 역은 어디예요?
Где ближайшая станция метро?
그제 블리좌이쇠야 스딴찌야 메트로

05. 매표소는 어디예요?
Где находится касса?
그제 나호짓짜 까사

06. 거긴 어떻게 가요?

Как можно туда добраться?
까끄 모쥐나 투다 다브랏짜

---

07. 여기서 멀어요?

Далеко ли отсюда?
달례꼬 리 앗슈다

---

08. 걸어서 갈 수 있나요?

Можно ли добраться пешком?
모쥐나 리 다브랏짜 피쉬콤

175

---

09. 길을 잃었어요.

Я потерял дорогу.
야 빠쩨럌 다로구

---

10. 요금은 얼마에요?

Сколько стоит проезд?
스꼴까 스또이트 쁘라예즈드

11. 여기에 데려다 주시겠어요?

Отвезите меня, пожалуйста,
아트베지쩨 미냐 빠좔루이스타

сюда.
슈다

---

12. 버스 정류장은 어디에요?

Где находится автобусная
그제 나호짓짜 아프토부스나야

176

остановка?
아스타노프카

---

13. 다음은 무슨 역이에요?

Какая следуюшая станция?
까까야 슬레두유샤야 스딴찌야

---

14. 어디에서 갈아타나요?

Где нужно сделать пересадку?
그제 누쥐나 스젤라찌 뻬레사드쿠

15. 도착하면 알려주세요.

Сообщите, пожалуйста, когда
사아브쉬쩨　　　　빠좔루이스타　　　까그다

будет моя остановка.
부제트　마야　아스타노프카

---

16. 편도 입니까? 왕복입니까?

В одну сторону или туда и
브　아드누　스토론누　일리　투다　이

обратно?
아브라트나

177

---

17. 왕복입니다/ 편도입니다.

Туда и обратно/ В одну сторону.
투다　이　아브라트나　브　아드누　스토론누

---

18. 몇시에 출발합니까?

Когда отправка?
까그다　아트프라프카

19. 편도 요금은 얼마예요?

Сколько стоит билет в одну
스꼴까　　　스토아트　　빌렛　브　아드누

сторону?
스토론누

---

20. 이 주소로 가주세요.

Отвезите меня, пожалуйста,
아트베지쩨　　　　미냐　　　　빠좔루이스타

по этому адресу.
빠　　에따무　　아드레수

178

---

21. 기차시간에 늦었어요? 기차를 잘못탔어요. (둘중에 하나만)

Я опоздал на поезд.
야　　아파즈달　　나　뽀예즈드쉬

---

22. 택시를 불러주세요.

Вызовите такси, пожалуйста.
브이자비쩨　　　　딱시　　　　빠좔루이스타

23. 공항까지 시간이 얼마나 걸려요?

Сколько времени потребуется

스꼴까　　　　브레메니　　　　빠트례부옛짜

до аэропорта?

다　　　아에라쁘르따

---

24. 신용카드를 주시겠어요?

Дайте, пожалуйста, кредитную

다이쩨　　　　빠촬루이스타　　　　크레지트누유

карту.

까르뚜

179

---

25. 차를 빌리고 싶은데요.

Я хочу арендовать автомобиль.

야　하추　　　아렌도바찌　　　　아프타마빌

---

26. 일주일이요.

На одну неделю.

나　아드누　　녜젤류

27. 도로지도가 필요해요.

Мне нужна карта.

므녜 누쥐나 까르따

지하철	**метро** 메트로	
매표소	**касса** 까사	
요금	**стоимость** 스또이모스찌	
출구	**выход** 브이호드	◀EXIT
개찰구	**турникет** 뚜르니케트	
갈아타다	**делать пересадку** 젤라찌 뻬레싸드쿠	
잘못타다	**неправильно садиться.** 녜프라빌나 싸짓쨔	
미안해요	**извините** 이즈비니쩨	

음식점

01. 주문하시겠습니까?

Вы готовы сделать заказ?
비   가토브이   스젤라찌   자카즈

02. 메뉴를 보여주세요.

Дайте, пожалуйста, меню.
다이쩨   빠좔루이스타   메뉴

03. 이건 뭔가요?

Что это такое?
쉬또   에떠   따꼬예

182

04. 그걸로 할께요.

Мне, пожалуйста, это.
므녜   빠좔루이스타   에떠

05. 같은 걸로 주세요.

Мне, пожалуйста, тоже самое.
므녜   빠좔루이스타   또줴   싸모예

06. 음료는 뭘로하시겠어요?

Что будете пить?

쉬또   부제찌   삐찌

---

07. 더 필요하신건 없습니까?

Что-нибудь ещё?

쉬또   니부찌   이쇼

---

08. 계산서 주세요.

Счёт, подалуйста.

숏   빠촬루이스타

---

09. 전부 얼마예요?

Сколько всего?

쓰꼴까   브셰보

---

10. 팁이 포함된 금액이예요?

Сюда включены чаевые?

슈다   브클류췐느이   챠예브이예

11. 아이스커피 한 잔 주세요.
Дайте, пожалуйста, кофе со
다이쩨　　　　빠촬루이스타　　　코페　　사

льдом.
료돔

---

12. 여기에서 드세요, 가지고가세요?
Будете есть здесь или заберёте
부제쩨　　예스찌　　즈제시　　일리　　자베료쩨

184

ссобой?
스싸보이

---

13. 가지고 갈 거예요.
Ссобой.
스 싸보이

---

15. 와인 주세요.
Дайте, пожалуйста, вино.
다이쩨　　　　빠촬루이스타　　　　빈노

14. 생맥주 한 잔 주세요.

Дайте, пожалуйста, стакан
다이쩨 빠좔루이스타 스따깐

разливного пива.
라즐리브나바 삐바

16. 한 잔 더 주세요.

Дайте, пожалуйста, ещё стакан.
다이쩨 빠좔루이스타 이쑈 스따깐

185

단어만 말해도 통한다

소시지	**Колбаса** 깔바사
청어 샐러드	**Сельдь под шубой** 셀리지 빠드 슈보이
맥주	**Пиво** 삐바
홍차	**Чёрный чай** 쵸르느니 차이
녹차	**Зелёный чай** 질료느이 차이
건배!	**Тост!** 또스트!

186

01. 관광 안내소는 어디에 있어요?

Где находится туристическое
그제 나호짓짜 뚜리스찌췌스코예

бюро?
뷰라

02. 구경하기 좋은 곳은 어디에요?

Что вы рекомендуете
쉬또 비 레카멘두예쩨

посмотреть?
빠스마뜨레찌

03. 걸어서 갈 수 있는 거리인가요?

Можно ли дойти туда пешком?
모쥐나 리 다이찌 투다 피쉬콤

04. 입장료는 얼마예요?

Сколько стоит входной билет?
스꼴까 스또이트 브호드노이 빌레트

05. 사진 좀 찍어 주시겠어요.

Можно вас попросить
모쥐나　바스　빠프라시찌

сфотографировать?
스포토그라피로바찌

---

06. 같이 사진 찍을 수 있어요?

Можно с вами
모쥐나　스　바미

сфотографироваться?
스포토그라피로밧짜

---

07. 짐 맡기는 곳이 있나요?

Где находится гардеробная?
그제　나호짓짜　가르제로브나야

---

08. 한장 더 부탁드려요.

Ещё раз, пожалуйста.
이쇼　라스　빠좔루이스타

09. 앞쪽 좌석으로 주세요.

Дайте, пожалуйста, передние
다이쩨　　　　빠좔루이스타　　　　뻬레드니예

места.
메스따

---

10. 죄송합니다. 매진됐습니다.

Извините, пожалуйста, билеты
이즈비니쩨　　　　빠좔루이스타　　　　빌레트이

полностью распроданы.
뽈노스찌유　　　　라스프로단느이

189

---

11. 지금 어떤 것이 상영 중인가요?

Какой спектакль сейчас идёт?
까꼬이　　　　스펙타클　　　　시촤스　　　　이죠트

---

12. 어느 팀과 어느 팀의 경기인가요?

Какие команды играют?
까끼예　　　　까만드이　　　　이그라유트

13. 지금 표를 살 수 있나요?
Можно ли сейчас купить билет?
모쥐나　　이　　시촤스　　쿠피찌　　빌레트

---

14. 예약했는데요.
Я забронировал.
야　　　　자브라니로발

190

15. 파이팅!
Файтинг!
파이찡그

단어만 말해도 통한다

경기장	**стадион** 스타지온	
국립공원	**национальный парк** 나찌아날느이 빠르크	
백화점	**унмвермаг** 우니베르마그	
극장	**театр** 찌아뜨르	
박물관	**музей** 무제이	
미술관	**художественный музей** 후도줴스트벤느이 무제이	
고궁	**королевский дворец** 까랄레프스키 드바레츠	

01. 저거 볼 수 있어요?

Можно это посмотреть?
모쥐나　에떠　빠스마뜨레찌

02. 이것 좀 보여주세요.

Покажите, пожалуйста, это.
빠까쥐쩨　빠좔루이스타　에떠

03. 다른 것도 보여주세요.

Покажите, пожалуйста, другую
빠까쥐쩨　빠좔루이스타　드루구유

вещь.
베쉬

04. 좀 더 싼 걸 보여주세요.

Покажите, пожалуйста,
빠카쥐쩨　빠좔루이스타

что-нибудь подешевле.
쉬또　니부찌　빠줴쉐블레

05. 입어 봐도 돼요?

Можно примерить?
모쥐나 쁘리메리찌

06. 이거 세일해요?

Есть на это скидка?
예스찌 나 에떠 스키드까

07. 깎아 주시면 살게요.

Я возьму это, если вы сделаете
야 바즈무 예슬리 비 스젤라예쩨

193

скидку.
스키드꾸

08. 신용카드로 지불해도 되나요?

Можно оплатить кредитной
모쥐나 아쁠라찌찌 크레지트노이

картой?
까르또이

09. 너무 비싸네요.

Слишком дорого.
슬리쉬콤   도로가

---

10. 이걸로 주세요.

Я возьму это.
야   바즈무   에떠

---

11. 이거 면세되나요?

Это беспошлинная вещь?
에떠   베스뽀쉴린나야   베쉬

---

12. 포장해 주세요.

Запакуйте это, пожалуйста.
자빠꾸이쩨   에떠   빠좔루이스타

---

13. 의류 매장이 어디에 있나요?

Где находится отдел одежды?
그제   나호짓짜   앗찔   아제쥐드이

14. M사이즈로 주세요.

Дайте, пожалуйста, M.
다이쩨　　　빠좔루이스타　　엠

---

15. 좀 커요.

Немного большой.
니므노가　　　　발쇼이

---

16. 다른 스타일은 없나요?

Нет ли у вас других моделей?
넷　리 우 바스　드루기흐　　마젤레이

195

---

17. 다른 색상은 없나요?

Нет ли у вас другой расцветки?
넷　리 유 바스　드루고이　　라스쯔베트키

---

18. 잘 맞네요.

Вам очень идёт.
밤　　오친　　이죠트

19. 운동화를 찾고 있어요.

Мне нужны кроссовки.
므녜 　 누쥐느이 　 크라소프키

20. 발 사이즈가 어떻게 되세요?

Какой у вас размер ноги?
까꼬이　우　바스　라즈메르　나기

21. 이걸 한 번 신어 보세요.

Примерьте, пожалуйста, это.
쁘리메리쩨　빠좔루이스타　에떠

196

22. 과일은 어디에 있나요?

Где можно купить фрукты?
그제　모쥐나　쿠피찌　프룩뜨이

23. 얼마예요?

Сколько стоит?
스꼴까　스또이트

24. 화장품 코너는 어디에 있나요?

Скажите, пожалуйста,
스카쥐쩨 빠좔루이스타

где находится отдел косметики?
그제 나호짓짜 앗젤 카스메찌키

---

25. 환불 할 수 있어요?

Можно ли получить деньги
모쥐나 리 빨루취찌 젠기

обратно?
아브라트나

197

---

26. 샘플 발라 봐도 되나요?

Можно намазать пробник?
모쥐나 나마자찌 프로브니크

---

27. 이거 반품하고 싶은데요.

Я хочу вернуть товар.
야 하추 베르누찌 따바르

28. 사이즈를 바꿔 주세요.

Можно поменять на другой
모쥐나 빠미냐찌 나 드루고이

размер?
라즈메르

29. 영수증 있으세요?

У вас есть чек?
우 바스 예스찌 췌크

198

크다	**большой** 발쇼이
작다	**маленький** 말린끼
길다	**длинный** 들린느이
짧다	**короткий** 까로트끼
비싸다	**дорогой** 다라고이
싸다	**дешёвый** 제쇼브이
빨강	**красный** 크라스느이
녹색	**зелёный** 질료느이

노랑	**жёлтый** 죨뜨이	
핑크	**розовый** 로조브이	
갈색	**коричневый** 까리취녜브이	
회색	**серый** 쎄르이	
흰색	**белый** 벨르이	
검은색	**чёрный** 쵸르느이	
바지	**брюки** 브류키	
청바지	**джинсы** 쥔스이	

치마	**юбка** 유브카	
원피스	**платье** 쁠라찌예	
반팔 티셔츠	**майка** 마이카	
재킷	**пиджак** 삐좌크	
구두	**туфли** 뚜플리	
운동화	**кроссовки** 크라쏘프키	
하이힐	**высокие каблуки** 브이소키예 까블루키	
샌들	**сандали** 산달리	

부츠	**ботинки** 바찐끼
양말	**носки** 나스끼
스타킹	**чулки** 출끼
슬리퍼	**тапочки** 따뽀취키
스킨	**кожа** 꼬좌
수분크림	**увлажняющий крем** 우블라쥐냐유쉬 크림
향수	**духи** 두히
립스틱	**помада** 빠마다
매니큐어	**маникюр** 마니큐르

사건 사고

01. 경찰서가 어디죠?

Где здесь отдел милиции?

그제   즈제시   앗젤   밀리찌이

---

02. 소매치기를 당했어요.

Меня обокрал корманный вор.

미냐   아바크랄   까르만느이   보르

---

03. 도둑이야!

Вор!

보르

203

---

04. 저 놈 잡아라!

Держи вора!

제르쥐   보라

---

05. 조심하세요!

Осторожно!

아스타로쥐나

06. 여기에 데려다 주세요.

Отвезите, пожалуйста, по этому
아트베지쩨 빠좔루이스타 빠 에떠무

адресу.
아드례수

07. 찾으면 여기로 연락주세요.

Позвоните, пожалуйста,
빠즈바니쩨 빠좔루이스타

по этому номеру, если найдёте.
빠 에떠무 노메루 예슬리 나이죠쩨

204

08. 사람 살려!

Помогите!
빠마기쩨

09. 여권을 잃어버렸어요

Я потерял паспорт.
야 빠쩨럀 빠스뽀르트

10. 지갑을 도둑맞았어요.

У меня украли кошелёк.

우　　미냐　　우크랄리　　　까쉴료크

---

11. 가방을 찾을 수가 없어요.

Я не могу найти сумку.

야　네　　마구　　나이찌　　쑴꾸

---

12. 분실 신고서를 써 주세요.

Подайте заявку о потере.

빠다이쩨　　　자야프쿠　아　　빠쩨레

205

---

13. 경찰을 불러주세요.

Вызовите милицию.

브이자비쩨　　　밀리찌유

---

14. 차에 치였어요.

Меня сбила машина.

미냐　　스빌라　　　마쉬나

15. 너무 아파서 움직일 수가 없어요.

Слишком больно, Я не могу
슬리쉬꼼 볼너 야 녜 마구

двигаться.
드비갓짜

16. 의사를 빨리 불러주세요.

Вызовите врача как можно
브이자비쩨 브라차 깍 모쥐나

скорее.
스까레예

206

17. 구급차를 불러주세요.

Вызовите скорую помощь.
브이자비쩨 스꼬루유 뽀모쉬

18. 여기가 아파요.

У меня болит здесь.
우 미냐 발리트 즈제시

19. 열이 좀 나요.

У меня температура.
우   미냐   쩸뻬라뚜라

단어만 말해도 통한다

경찰서	**отдел милиции** 앗젤 밀리찌이	
경찰	**милиция** 밀리찌야	
병원	**больница** 발니짜	
약국	**аптека** 아쁘쩨까	
의사	**врач** 브라취	
대사관	**посольство** 빠쏠스트바	
아픈	**Больной** 발노이	
오한이 나는	**лихорадочный** 리하라다취느이	

208

감염	**заражение**
	자라줴니예

출혈	**кровотечение**
	크라바쪠줴니예

루블과 숫자 익히기

1Rub	**1 ruble** 아진 루블
2Rub	**2 ruble** 드바 루블랴
5Rub	**5 ruble** 빠찌 루블레이
10Rub	**10 ruble** 제샤찌 루블레이
50Rub	**50 ruble** 삐찌제샤트 루블레이
100Rub	**100 ruble** 스또 루블레이
500Rub	**500 ruble** 삣소뜨 루블레이
1000Rub	**1000 ruble** 뜨이시챠 루블레이
5000Rub	**5000 ruble** 빠찌뜨이샤치 루블레이

210

1	**один** 아진
2	**два** 드바
3	**три** 뜨리
4	**четыре** 취뜨리
5	**пять** 빠찌
6	**шесть** 쉐스찌
7	**семь** 쎔
8	**восемь** 붜씸

루블과 숫자 익히기

213

영국

정식 국호는 그레이트 브리튼 및 북아일랜드 연합왕국(United Kingdom of Great Britain and Northern Ireland), 일반 명칭은 영국연합왕국 (United Kingdom)이다. 국명에서 보듯이 브리튼을 이루는 잉글랜드(England) · 스코틀랜드(Scotland) · 웨일스(Wales)와 북아일랜드(Nothern Ireland)로 구성되어 있다.

애버딘•

에딘버러•

벨파스트•

•맨체스터

버밍엄•

옥스퍼드•

런던

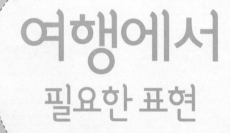

여행에서
필요한 표현

인사 표현

01. 안녕하세요. (아침)
Good morning.
굿　　　　모닝

---

02. 안녕하세요. (점심)
Good afternoon.
굿　　　　에프터눈

---

03. 안녕하세요. (저녁)
Good evening.
굿　　　　이브닝

217

---

04. 안녕히 가세요.
Good bye.
굿　　　바이

---

05. 안녕히 주무십시오.
Good night.
굿　　　　나잇

06. 행운을 빕니다.
Good luck!
굿 럭

07. 또 만납시다.
See you again.
시 유 어게인

08. 감사합니다.
Thank you.
생 큐

09. 천만에요.
You are welcome.
유 아 웰컴

10. 실례합니다.
Excuse me.
익스큐즈 미

11. 좋습니다.
Alright (O.K.).
올 라잇(오우 케이)

12. 부탁합니다.
Please.
플리즈

13. 요즘 어떻게 지냅니까?
How are you?
하우 　 아 　 유

14. 네.
Yes.
예스

15. 아니오.
No.
노

16. 이름은 무엇입니까?
What's your name?
홧츠　　유어　　　네임

17. 저의 이름은 ～입니다.
My name is～.
마이　　네임　　이즈

220

18. 만나게 되어 반갑습니다.
I'm glad to see you.
아임　글래드　투　시　유

19. 잠깐만 기다려 주십시오.
Just a moment, please.
저스트 어　　모먼트　　　플리즈

20. 앉아주십시오.
Sit down, please.
싯　다운　　플리즈

01. 여행 목적은 무엇입니까?
What's the purpose of your visit?
횟츠   더   퍼포즈   오브 유어 비지트

02. 관광 (비즈니스) 입니다.
Sightseeing (business).
사이트시잉   (비즈니스)

03. 며칠 동안 체재합니까?
How long are you staying?
하우   롱   아   유   스테잉

221

04. 약 이주간 입니다.
About two weeks.
어바웃   투   위크스

05. 환전해 주십시오.
Change, please.
체인지   플리즈

06. 달러(엔/런민삐/프랑/마르크/뻬세따)로 바꿔주세요.
Change this into (dollars), please.
체인지 　디스 　인투 　(달러즈) 　플리즈

07. 여행자 수표를 현금으로 바꿔주세요.
Cash a traveler's check, please.
캐시 　어 　트레블러즈 　체크 　플리즈

08. 잔돈으로 바꿔주세요.
Can you give me small change?
캔 　유 　기브 　미 　스몰 　체인지

09. 관광 안내소는 어디에 있습니까?
Where is the tourist information?
훼어 　이스 　투어리스트 　인포메이션

10. 시내 지도 있습니까?
Can you give me a city map?
캔 　유 　기브 　미 　어 　시티 　맵

입국할때

11. ~에 가려면 어떻게 가야 합니까?

How can I get to~?

하우 캔 아이 켓 투~?

12. 시내로 가는 버스는 있습니까?

Is there an airport bus to the city?

이즈 데어 언 에어포트 버스 투 더 시티

13. 택시는 어디에서 탑니까?

Where is a taxi stand?

훼어 이즈 어 택시 스탠드

223

14. ~호텔로 가주십시오.

To ~ Hotel, please.

투 호텔 플리즈

15. 얼마입니까?

How much is it?

하우 머치 이즈 잇

16. (주소를 보이면서) 이곳으로 가주십시오.

This is where I want to go.
디스 이즈 훼어 아이 원 투 고우

17. 신고할 물건을 갖고 있습니까?

Do you have anything to declare?
두 유 해브 애니싱 투 디클레어

18. 수화물은 어디에서 찾습니까?

Where is the baggage claim area?
훼어 이스 더 배기지 클레임 에어리어

19. 친구들에게 줄 선물입니다.

These are gifts for my friends.
디즈 아 기프츠 포 마이 프렌즈

단어만 말해도 통한다

좌석번호	**Seat number** 시트 넘버
수화물증	**Claim tag** 클레임 택
스튜어드	**Steward** 스튜어트
입국심사	**Immigration** 이미그레이션
여권	**Passport** 패스포트
세관 신고서	**Customs declaration** 커스텀즈 데클러레이션
수화물	**Baggage** 배기지
통화신고	**Currency declaration** 커런시 데클러레이션

단어만 말해도 통한다

환율	**Exchange rate**
	익스체인지 레이트

바꾸다	**Change**
	체인지

현금	**Cash**
	캐시

잔돈	**small change**
	스몰 체인지

환전소	**Money exchange**
	머니 익스체인지

택시정거장	**Taxi stand**
	택시 스탠드

공항버스	**Airport bus**
	에어포트 버스

요금	**Fare**
	페어

01. 하루밤 얼마입니까?

How much is it per night?

하우　머치　이즈잇　퍼　나잇

02. 욕실이 있는 방으로 하고 싶습니다.

I'd like a room with bath (shower).

아이드 라이크 어　룸　위드　배스 (샤워)

03. 싱글 룸(트윈 룸)을 원합니다.

I'd like a room for one (two).

아이드 라이크 어　룸　포　원(투)

227

04. 체크인 해주십시오.

Check in, please.

체크　인　플리즈

05. 식당은 어디에 있습니까?

Where is the dining room?

훼어　이즈　더　다이닝　룸

06. 제 앞으로 온 우편물 있습니까?

Are there any letters for me?

아　　데어　　애니　　레터스　　포　　미

---

07. 체크아웃 시간은 몇시입니까?

When is check out time?

훼　　이즈　　체크　　아웃　　타임

---

08. 체재를 하루 연장하고 싶습니다.

I want to stay one day longer.

아이　원　투　스테이　원　데이　롱거

---

09. 방에 놓고 온 물건이 있습니다.

I left something in my room.

아이레프트　섬싱　　인 마이　룸

---

10. 식당은 몇시에 오픈하나요?

What time does the dining room open?

핫　　타임　더즈　더　다이닝　룸　오픈

11. 오늘 밤 호텔을 예약하고 싶습니다.

I'd like to reserve a hotel room

아이드 라이크 투　리저브　어　호텔　룸

for tonight.

포　　투나잇

---

12. 그다지 비싸지 않은 호텔을 소개해 주십시오.

Can you recommend a hotel

캔　유　　레커멘드　　어　호텔

which is not too expensive?

횟치　이즈　낫　투　　익스펜시브

---

13. 여기서 관광버스 표를 살 수 있습니까?

Can I get a ticket for the

캔　아이　켓　어　티켓　포　더

sightseeing bus here?

사이트시잉　　버스　히어

단어만 말해도 통한다

예약	**Reservation** 레저베이션
1인실	**Single room** 싱글 룸
2인실	**Twin room** 트윈 룸
욕실이 있는	**With bath** 위드 배스
아침	**Breakfast** 브렉퍼스트
점심	**Lunch** 런치
저녁	**Dinner** 디너
시가지 중심	**In the city center** 인 더 시티 센터

단어만 말해도 통한다

해변가	**Near the beach** 니어 더 비취
1층	**First floor** 퍼스트 플로어
비상구	**Emergency** 이머전시
식당	**Dining room** 다이닝 룸
지배인	**Manager** 매니저
영수증	**Receipt** 리시트
화장실	**Toilet** 토일렛
온수	**Hot water** 핫 워터

단어만 말해도 통한다

시내통화	**Local call** 로컬 콜
장거리 전화	**Long-distance call** 롱 디스턴스 콜
전화요금	**Telephone charges** 텔레폰 차지스
우편물	**Mail** 메일
이발소	**Barber's shop** 바버스 숍
미용실	**Beauty parlor** 뷰티 파러
귀중품	**Valuables** 밸류어블즈

음식점

01. 이 지방의 명물을 먹고 싶습니다.

I want to eat the best local food.

아이 원 투 이트 더 베스트 로컬 푸드

02. 그다지 비싸지 않은 음식점을 원합니다.

Someplace not too expensive.

섬플레이스 낫 투 익스펜시브

03. 거기에 어떻게 가야 합니까?

How can I get there?

하우 캔 아이 겟 데어

04. 어느 정도 기다려야 합니까?

How long do we have to wait?

하우 롱 두 위 해브 투 웨이트

05. 몇시까지 오픈하나요?

How late is it open?

하우 레이트 이즈잇 오픈

06. 메뉴를 보여주십시오.

May I have a menu, please?

메이 아이 해브 어 메뉴 플리즈

07. 이 지역의 특산 요리는 무엇입니까?

Do you have local dishes?

두 유 해브 로컬 디쉬즈

08. 저는 정식으로 하겠습니다.

I'll have the table d'hôte.

아월 해브 더 테이블 도트

09. 이것을 주십시오.

I'll have this.

아월 해브 디스

10. (고기는) 잘 (중간정도/약간) 구워 주세요.

Well done (medium/rare), please.

웰 던 (미디엄/레어) 플리즈

11. 매우 맛있습니다.

This is very delicious.

디스 이즈 베리 딜리셔스

12. 계산 좀 부탁합니다.

Check, please.

체크 플리즈

13. 전부 얼마입니까?

How much is it altogether?

하우 머치 이즈잇 올투게더

235

14. 식당이 모여있는 곳은 어디입니까?

Where is the main area for
훼어 이즈 더 메인 에어리어 포

restaurants?
레스토런츠

15. 가장 자신있는 요리는 무엇입니까?

What's the speciality of the
홧츠 더 스페셜티 오브 더

house?
하우스

16. 미네랄 워터를 주십시오.

May I have a bottle of mineral
메이 아이 해브 어 바틀 오브 미네랄

water?
워터

식당	**Restaurant** 레스토랑트
정식	**Table d'hôte** 테이블 도트
일품요리	**A la carte** 아 라 카르테
훈제연어	**Smoked salmon** 스모크드 새먼
달걀 마요네즈	**Egg mayonnaise** 에그 마요네즈
치즈	**Cheese** 치즈
닭고기 스프	**Chicken soup** 치킨 스프
야채스프	**Vegetable soup** 베지터블 스프

237

토마토 스프	**Tomato soup** 토마토 스프
참치	**Tuna** 튜너
새우	**Shrimp** 슈림프
연어	**Salmon** 새먼
게	**Crab** 크랩
조개	**Scallop** 스칼럽
송어	**Trout** 트라우트
소고기	**Beef** 비프

닭고기	**Chicken** 치킨	
양고기	**Mutton** 머턴	
돼지고기	**Pork** 포크	
오리고기	**Duck** 덕	
야채	**Vegetable** 베지터블	
오이	**Cucumber** 큐컴버	
호박	**Pumpkin** 펌프킨	
당근	**Carrot** 캐럿	

단어만 말해도 통한다

시금치	**Spinach** 스피니치
버섯	**Mushroom** 머시룸
피망	**Green pepper** 그린 페퍼
과일	**Fruit** 후루트
사과	**Apple** 애플
배	**Pear** 피어
포도	**Grape** 그레이프
수박	**Watermelon** 워터멜론

딸기	**Strawberry** 스트로베리
구운	**Baked** 베이키드
끓인	**Boiled** 보일드
튀긴	**Fried** 후라이드
찐	**Steamed** 스팀드
훈제한	**Smoked** 스모크드
소금	**Salt** 솔트
설탕	**Sugar** 슈가

단어만 말해도 통한다

간장	**Soy sauce** 소이 소스
식초	**Vinegar** 비니거
후추	**Pepper** 페퍼
음료	**Drinks** 드림크스
홍차	**Tea** 티
맥주	**Beer** 비어
적포도주	**Red wine** 레드 와인
브랜디	**Brandy** 브랜디
생맥주	**Draft beer** 드래프트 비어

242

교통

01. 역은 어디입니까?

Where is the railway station?

훼어　이즈 더　레일웨이　스테이션

---

02. 매표소는 어디입니까?

Where is the ticket office?

훼어　이즈 더　티켓　오피스

---

03. ～행 표를 주십시오.

Can I have a ticket to ~?

캔　아이　해브　어　티켓　투

---

04. 열차는 정각에 떠납니까?

Will the train leave on schedule?

윌　더　트레인　리브　온　스케줄

---

05. 얼마입니까?

How much is it?

하우　머치　이즈잇

06. 배는 어디에서 탑니까?

Where can I board the ship?
훼어 캔 아이 보드 더 쉽

---

07. 표는 어디에서 삽니까?

Where can I get a ticket?
훼어 캔 아이 겟 어 티켓

---

08. 출항은 몇시입니까?

What time does the ship leave?
홧 타임 더스 더 쉽 리브

---

09. 차는 어디서 빌릴 수 있습니까?

Where can I rent a car?
훼어 캔 아이 렌터 어 카

---

10. 기름을 꽉 채워 주세요.

Fill it up, please.
필 잇 업 플리즈

11. 지하철 표는 어디에서 사야합니까?

Where can I get a subway ticket?

휘어　　캔 아이 겟　어　서브웨이　　티켓

---

12. 택시 승강장은 어디입니까?

Where is the taxi stand?

휘어　이즈 더　택시　스탠드

---

13. ~로 가는 버스는 어느것입니까?

Which bus goes to ~?

휘치　　버스　고우즈　투

245

---

14. 표는 어디에서 삽니까?

Where can I get a ticket?

휘어　　캔 아이 겟　어　티켓

15. 식당이 모여있는 곳은 어디입니까?

Where is the nearest subway

훼어　이즈　더　니어리스트　서브웨이

station?

스테이션

---

16. 가장 자신있는 요리는 무엇입니까?

Could you tell me when we

쿠드　유　텔　미　훼　위

get there?

겟　데어

| 매표소 | **Ticket office** |
| | 티켓 오피스 |

| 안내소 | **Information office** |
| | 인포메이션 오피스 |

| 역 | **Railroad station** |
| | 레일로드 스테이션 |

| 입구 | **Entrance** |
| | 엔트런스 |

| 출구 | **Exit** |
| | 에그지트 |

| 환승 | **Transfer** |
| | 트렌스퍼 |

| 표 | **Ticket** |
| | 티켓 |

| 버스 정거장 | **Bus stop** |
| | 버스 스톱 |

단어만 말해도 통한다

요금	**Fare** 페어
왕복	**Round-trip ticket** 라운드 트립 티켓
편도	**One-way ticket** 원 웨이 티켓
고속도로	**Expressway** 익스프레스웨이
좌측	**Left side** 레프트 사이드
우측	**Right side** 라이트 사이드
뒤쪽	**Behind** 비하인드
성인	**Adult** 애덜트
어린이	**Child** 차일드

관광

01. 이곳에서 걸어서 갈 수 있습니까?

Can I walk down there?

캔 아이 워크   다운   데어

---

02. 이곳에서 멉니까?

Is it far from here?

이즈 잇 파   프롬   히어

---

03. 입장료는 얼마입니까?

How much is the entrance fee?

하우   머치 이즈 더   엔트런스   피

249

---

04. 이 곳에 서주시겠습니까?

Could you write it down here?

쿠드   유   라이트 잇 다운   히어

---

05. 버스로 갈 수 있습니까?

Can I go there by bus?

캔   아이고우 데어   바이 버스

06. 어떤 종류의 투어가 있습니까?

What kind of tours do you have?

왓　카인드 오브 투어스　두　유　해브

---

07. 식사는 포함되어 있습니까?

Are any meals included?

아　애니　멀스　인클루디드

---

08. 어디에서 출발합니까?

Where does it leave?

훼어　더스　잇　리브

250

---

09. 몇시에 출발합니까?

What time do you leave?

홧　타임　두　유　리브

---

10. 몇 시경에 돌아옵니까?

What time do you come back?

홧　타임　두　유　컴　백

11. 요금은 얼마입니까?

How much is it?

하우　머치　이즈잇

12. 택시로 관광하고 싶습니다.

I'd like to go sightseeing by taxi.

아이드 라이크 투 고우　사이트시잉　바이　택시

13. 감사합니다. 오늘은 매우 즐거웠습니다.

Thank you. I had a great time.

생　큐　아이 해드　어 그레이트　타임

14. 화장실은 어디입니까?

Where is the restroom (lavatory)?

훼어　이즈 더　레스트룸　(래버터리)

15. 사진을 찍어도 좋습니까?

May I take a picture?

메이 아이테이크　어　픽쳐

16. ~는 어디에 있습니까?
Where is the ~?
훼어　　이즈　더

---

17. 길을 잃어버렸습니다.
I'm lost.
아임　로스트

---

18. 제 사진을 찍어 주시겠습니까?
Could you please take my picture?
쿠드　　　유　　플리즈　데이크 마이　　픽쳐

---

19. 저와 함께 사진을 찍어 주시겠습니까?
Would you pose with me?
우드　　　유　　포즈　위드　　미

---

20. 당신의 사진을 찍어도 괜찮겠습니까?
May I take your picture?
메이 아이 테이크　유어　　　픽쳐

21. 사진을 보내겠습니다.

I'll send you the pictures.

아윌 샌드 유 더 픽쳐즈

---

22. 이 필름을 현상해 주십시오.

Could you develop this film?

쿠드 유 디벨럽 디스 필름

---

23. 관광안내소는 어디입니까?

Where is the tourist information

훼어 이즈 더 투어리스트 인포메이션

office?

오피스

---

24. 경치가 좋은 곳은 어디입니까?

Where is the best place to enjoy

훼어 이즈 더 베스트 플레이스 투 인조이

a nice view?

어 나이스 뷰

25. 당일(반나절) 코스가 있습니까?

Do you have a full day (half day)

두 유 해브 어 풀 데이 (하프데이)

tour?

투어

---

26. 인기 좋은 투어를 소개해 주세요.

Could you recommend some

쿠드 유 레커멘드 섬

popular tours?

파플러 투어스

254

---

27. 몇시까지 버스에 돌아와야 합니까?

By what time should I be back to

바이 홧 타임 슈드 아이 비 백 투

the bus?

더 버스

28. 실례합니다. ~로 가는 길을 가르쳐주세요.

Excuse me, could you tell me
익스큐즈 미 큐드 유 텔 미

the way to the ~?
더 웨이 투 더

---

29. 지도로 길을 가르쳐 주십시오.

Could you show me the way on
쿠드 유 쇼 미 더 웨이 온

this map?
디스 맵

---

30. 주소를 이곳에 적어 주십시오.

Could you write down your
쿠드 유 라이트 다운 유어

address here?
어드레스 히어

단어만 말해도 통한다

관광	**Sightseeing** 사이트시잉
입장권	**Ticket** 티켓
유람선	**Sightseeing boat** 사이트시잉 보우트
안내원	**Guide** 가이드
명소	**Famous spots** 패이모스 스폿스
공원	**Park** 파크
미술관	**Art museum** 아트 뮤지엄
박물관	**Museum** 뮤지엄

단어만 말해도 통한다

시청	**City Hall** 시티 홀	
궁전	**Palace** 팰리스	
동물원	**Zoo** 쥬	
식물원	**Botanical Garden** 보테니컬 가든	
유원지	**Amusement park** 어뮤즈먼트 파크	
극장	**Theater** 시어터	
호수	**Lake** 레이크	
강	**River** 리버	

단어만 말해도 통한다

바다	**Sea** 시	
다리	**Bridge** 브릿지	
항구	**Harbor** 하버	
전람회	**Exhibition** 엑서비션	
유적	**Remains** 리메인즈	
탑	**Tower** 타워	
시골	**Country** 컨츄리	
영화	**Movie** 무비	

단어만 말해도 통한다

사진	Photograph 포토그래프
산	Mountain 마운틴
연주회	Concert 콘서트
축제	Festival 페스티벌
입장료	Admission fee 어드미션 피
우체국	Post office 포스트 오피스
경찰서	Police station 폴리스 스테이션
도서관	Library 라이브러리

01. 면세점은 있습니까?

Is there a duty free shop?

이즈 데어 어 듀티   프리   숍

---

02. 구경하고 있을 뿐입니다. 감사합니다.

I'm just looking, thank you.

아임 저스트   루킹   생   큐

---

03. 만져 보아도 괜찮습니까?

Can I pick it up?

캔 아이 피크 잇 업

260

---

04. 입어 보아도 괜찮습니까?

Can I try this on?

캔   아이 트라이 디스 온

---

05. 이것으로 주십시오.

I'll take this.

아윌 테이크   디스

06. 별도로 포장해 주십시오.

Can you wrap these separately?

캔　유　랩　디즈　세퍼레이틀리

07. 영수증을 주십시오.

Can I have a receipt, please?

캔　아이　해브　어　리스트　플리즈

08. 조금 싸게는 안됩니까?

Can I get a little discount?

캔　아이　겟　어　리틀　디스카운트

09. 이것과 같은 물건이 있습니까?

Do you have one like this?

두　유　해브　원　라이크　디스

10. 얼마입니까?

How much is this?

하우　머치　이즈　디스

261

11. 이 근처에 백화점은 있습니까?
Is there a department store
이즈 데어 어 디파트먼트 스토어

around here?
어라운드 히어

---

12. 이곳의 특산물은 무엇입니까?
What is the special product of
홧 이즈 더 스페셜 프로덕트 오브

this town?
디스 타운

백화점	Department store 디파트먼트 스토어
슈퍼마켓	Supermarket 슈퍼 마켓
지갑	Wallet 월릿
안경	Glasses 글래시즈
신사복	Men's clothes 맨즈 클로우드스
숙녀복	Ladies clothes 레이디즈 클로우드스
아동복	Children's clothes 칠드런즈 클로우드스
유아복	Instant clothes 인펀트 클로우드스

단어만 말해도 통한다

양말	**Socks** 삭스
손수건	**Handkerchief** 행커치프
장갑	**Gloves** 글로브즈
스카프	**Scarf** 스카프
모자	**Hat** 햇
시계	**Watch** 워치
반지	**Ring** 링
귀걸이	**Earrings** 이어링즈

브로치	**Brooch** 브로치
보석	**Jewel** 쥬얼
금	**Gold** 골드
은	**Silver** 실버
향수	**Perfume** 퍼퓸
비누	**Soap** 솝
만년필	**Fountain pen** 파운틴 펜
연필	**Pencil** 펜슬

우산	**Umbrella** 엄브렐러	
큰/작은	**Large / small** 라지 / 스몰	
긴/짧은	**Long / short** 롱 / 쇼트	
넓은/좁은	**Wide / narrow** 와이드 / 네로우	
두꺼운 /얇은	**Thick / thin** 시크 / 신	
흑색	**Black** 블랙	
흰색	**White** 화이트	
빨강	**Red** 레드	

파랑	**Blue** 블루
노랑	**Yellow** 옐로우
핑크	**Pink** 핑크
녹색	**Green** 그린
진녹색	**Dark green** 다크 그린
연녹색	**Light green** 라이트 그린
보라색	**Purple** 퍼플
회색	**Grey** 그레이

단어만 말해도 통한다

갈색	**Brown** 브라운	
면	**Cotton** 코튼	
마	**Linen** 리넨	
견	**Silk** 실크	
가죽	**Leather** 레더	
모	**Wool** 울	
구두가게	**Shoe shop** 슈숍	
서점	**Bookstore** 북스토어	

보석가게	**Jewelers** 쥬얼러즈	
카메라 가게	**Camera shop** 카메라 숍	
식료품점	**Grocery shop** 그로서리 숍	
약국	**Pharmacy** 파머시	
현금	**Cash** 캐시	
여행자 수표	**Traveler's check** 트레블러즈 체크	
면세	**Tax-free** 택스 프리	
영수증	**Receipt** 리시트	

단어만 말해도 통한다

비싼	**Expensive** 익스펜시브	
싼	**Cheap** 칩	
할인	**Discount** 디스카운트	

통신

01. 공중전화는 어디에 있습니까?

Where is a telephone booth?

훼어　이즈어　텔레폰　　부스

---

02. 여보세요 ~입니까?

Hello, is this ~?

헬로우　이즈 디스

---

03. ~씨를 부탁합니다.

May I talk to ~?

메이 아이 토크 투

271

---

04. 저는 ~입니다.

This is ~ speaking.

디스 이즈　　스피킹

---

05. 언제쯤 돌아옵니까?

When will he be back?

훼　　월　히 비　백

06. 저에게 전화해 달라고 전해 주십시오.

Please tell him to call me back.

플리즈　텔　힘　투　콜　미　백

---

07. 수신자 부담으로 ～에 전화를 걸고 싶습니다.

I'd like to make a collect call to~.

아이드 라이크 투　메이크　어　컬렉트　콜　투

---

08. 요즘은 제가 지불하겠습니다.

I'll pay for the call.

아윌 페이　포　더　콜

---

09. 우체국은 어디에 있습니까?

Where is the post office?

훼어　이즈　더　포스트　오피스

---

10. 속달로 해주십시오.

Can you send it express?

캔　유　샌드　잇　익스프레스

11. 추가 요금은 얼마입니까?

How much is the extra charge?

하우　머치　이즈 더　엑스트라　차지

12. 죄송합니다. 잘못걸었습니다.

I'm sorry, I have the wrong

아임　소리　아이 해브　더　롱

number.

넘버

273

13. ~로 국제 전화를 걸고 싶습니다.

I'd like to make an international

아이드라이크투　메이크　언　인터내셔널

call to ~.

콜　투

14. 우체국은 몇시에 엽니까? (닫습니까?)

What time does the post office

횟 타임 더스 더 포스트 오피스

open (close)?

오픈 (클로즈)

274

단어만 말해도 통한다

공중전화	**Public telephone** 퍼블릭 텔레폰	
우체국	**Post office** 포스트 오피스	
시내전화	**Local call** 로컬 콜	
장거리 전화	**Long distance call** 롱 디스턴스 콜	
국제전화	**Overseas call** 오버시스 콜	
소포	**Parcel** 파슬	
속달	**Express** 익스프레스	
주소	**Address** 어드레스	
취급주의	**Handle with care.** 핸들 위드 캐어	

01. 여권을 잃어버렸습니다.

I lost my passport.

아이 로스트 마이　패스포트

02. 지갑을 도난당했습니다.

My purse was stolen.

마이　퍼스　워즈　스토울런

276

03. 경찰서는 어디입니까?

Where is the police station?

훼어　이즈 더　폴리스　스테이션

04. 찾아 주십시오.

Could you help me to find it?

쿠드　유　헬프　미　투 파인드 잇

05. ~대사관은 어디에 있습니까?

Where is the ~ Embassy?

훼어　이즈　더　　　앰버시

06. 도와 주세요!

Help me!

헬프 미

---

07. 도둑이야! 잡아라!

A robber! Catch him!

어 로버 켓치 힘

---

08. 교통사고가 일어났습니다.

An accident has happened.

언 액시던트 해즈 해픈드

277

---

09. 병원으로 데려가 주십시오.

Could you take me to a hospital?

쿠드 유 데이크 미 투 어 하스피탈

---

10. 경찰을 불러 주십시오.

Please call the police.

플리즈 콜 더 폴리스

11. 여기가 아픕니다.
I have a pain here.
아이 해브 어 페인 히어

---

12. 서둘러 주십시오.
Please hurry up!
플리즈 허리 업

---

13. 응급 조치를 부탁합니다.
Please give me first aid.
플리즈 기브 미 퍼스트 애이드

---

14. 의사를 불러 주십시오.
Please call a doctor.
플리즈 콜 어 닥터

---

15. 열이 있습니다.
I have a fever.
아이 해브 어 피버

16. 현기증이 납니다.
I feel dizzy.
아이 필 디즈

17. 감기에 걸린 것 같습니다.
I caught a cold.
아이 커트 어 콜드

18. 진단서를 주십시오.
Can I have a medical certificate?
캔 아이 해브 어 메디컬 서티피케이트

279

19. 처방전을 적어 주십시오.
Can you give me a prescription?
캔 유 기브 미 어 프리스크립션

20. 저는 알레르기 체질입니다.
I have allergies.
아이 해브 엘러지즈

21. 약을 주십시오.

May I have medicine?

메이 아이 해브 메디신

22. 약은 어떻게 먹습니까?

How should I take this?

하우 슈드 아이테이크 디스

23. 이 처방전의 약을 주십시오.

Please fill this prescription.

플리즈 필 디스 프리스크립션

24. 언제쯤 연락 받을 수 있습니까?

When can you let me know

휀 캔 유 렛 미 노우

the result?

더 리절트

25. 사고 증명서를 주십시오.

May I have a certificate of the
메이 아이 해브 어 서티피케이트 오브 더

accident please?
액시던트 플리즈

26. 배가 아픕니다. 약좀 주십시오.

I have a stomach ache, may
아이 해브 어 스토마크 미크 메이

I have some medicine?
아이 해브 섬 메디신

단어만 말해도 통한다

의사	**Doctor** 닥터
약국	**Drugstore** 드럭스토어
병원	**Hospital** 하스피탈
처방전	**Prescription** 프리스크립션
소화불량	**Indigestion** 인다이제스션
열	**Fever** 피버
체온계	**Clinical thermometer** 클리니컬 서모미터

01. ~행 비행기를 예약하고 싶습니다.

I want to make a reservation to ~.

아이 원 투 메이크 어 레저베이션 투

02. 다음 ~행 비행기는 언제입니까?

When will the next flight leave for ~?

웬 윌 더 넥스트 플라이트 리브 포

03. 그것으로 예약해 주십시오.

Please reserve it for me.

플리즈 리저브 잇 포 미

04. ~항공의 카운터는 어디입니까?

Where is the ~ Airlines counter?

훼어 이즈 더 에어라인즈 카운터

05. 체크인은 몇 시 입니까?

What's the check in time?

홧츠 더 체크 인 타임

06. 몇번 게이트입니까?

What's the gate number?

홧츠　　　더　　게이트　　넘버

---

07. 맡길 짐이 없습니다.

I have no baggage to check.

아이 해브　노　　베기지　　투　　체크

---

08. 비행기 편명과 시간을 알려 주십시오.

What's the flight number and

홧츠　　　더　　플라이트　　넘버　　　앤드

departure time?

디파쳐　　　타임

---

09. 초과 요금은 얼마입니까?

How much is the excess

하우　　머치　이스 더　　익세스

baggage charge?

베기지　　　차지

단어만 말해도 통한다

항공권	**Airline ticket** 에어라인 티켓
탑승권	**Boarding pass** 보딩 패스
공항	**Airport** 에어포트
예약	**Reservation** 레저베이션
표	**Ticket** 티켓
편명	**Flight number** 플라이트 넘버
시간표	**Timetable** 타임 테이블
목적지	**Destination** 데스티네이션

memo

memo

memo